「海の民」の日本神話

古代ヤポネシア表通りをゆく

三浦佑之

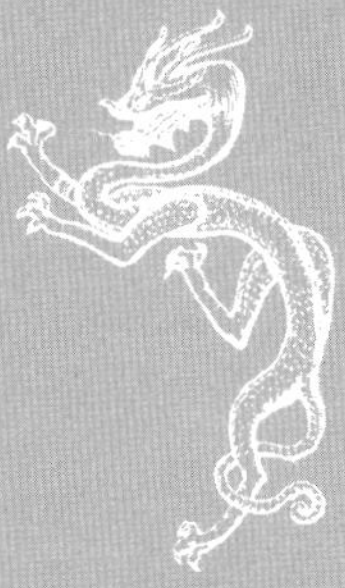

新潮選書

序　章　古代ヤポネシア「表通り」

多様な日本列島「ヤポネシア」

宗谷岬から与那国島まで、大雑把にみてその距離はおよそ三〇〇〇キロということになろうか。それが、現在の日本国の範囲ということになる。しかし、東西南北に広がる日本国の範囲は時代によって変化しており、現在の、と言ったのはポツダム宣言（一九四五年）によって認められた、あるいは沖縄返還（一九七二年）によって実現した主権のおよぶ範囲ということになる。ただし、北方四島やら竹島やら尖閣諸島やら、その帰属をめぐって隣国と対立する島が存在し、その範囲は確定しているとは言いにくいところもある。ここではそのあたりの厄介な問題はひとまず棚上げにして、主権のおよぶ範囲と呼んでおく。

その全体を思い浮かべるには、新幹線の座席のリクライニングシートを倒して座った人を真横から見てみるとよい。頭が北海道、顎の下に津軽海峡があって、首から上半身が東北から北陸・関東辺り、腰から尻にかけてが中部と関西で、足を組んだ上の太股が中国地方、下が四国でそのあいだに瀬戸内海。膝小僧から脹《ふく》ら脛《はぎ》が九州本島、その下に奄美があって踵が沖縄本島、そこから爪先までは少々短いが宮古・八重山の島々が伸びている。

そのように眺めると、座っているシートは太平洋ということになり、前の席との空間が日本海だ。そして、その海を挟んだ前の席を朝鮮半島からシベリアにかけての北東アジアに見立ててみる。前の席を回転させて向き合えば、親しく話すことができる。

その頭のてっぺんから爪先にいたる大小の島々を日本列島と呼んでしまうと、近代国家としての日本国とすっかり重なる。しかしその「日本」は、わたしが本書で考えようとする古代の姿を浮かばせようとする時にはあまりふさわしい呼称ではない。ではどう呼べばいいか、これがなかなか難しく、適切な言葉が浮かばない。そこで苦し紛れに、ヤポネシアという言葉を引っ張り出してみた。ご承知の通り、奄美に住んだ作家の島尾敏雄が言い出した造語だから、奄美・沖縄諸島という印象が強いが、必ずしもそうではない。島尾が、戦後「日本」を指してヤポネシアと呼ぼうとした意図は次の文章を読めばよくわかる。


たとえば太平洋を地図の絵図面の中央に据えてみよう。そうすれば、大陸は図面の両わきにすさってしまい、まんなかに広々とした青一色に塗られた忘れられた島々の部分があらわれてくる。（略）よく目をこらして見ると、けしつぶほどの小さな島々が、孤独をまぎらそうとより添うように、いくつかのグループをつくってかたまり合っているのを見つけることができるはずだ。それらは、ポリネシアやメラネシア、インドネシアそしてミクロネシアなどと呼ばれているのを私たちは知っている。そしてこの絵図面の中では日本が、さきの地図の中とは、すこしようすが変わって見えるのがおもしろい。それはもう大陸にしがみつこうとしているすがたではなく、太平洋の中でゆったりと手足をのばしているもうひとつの日本のすがたといっていい。ヤポネシアと名づけられなかったのがふしぎなくらい、南太平洋のほかの島嶼群と似通った状態をそこに広げているところの島々のグループだ。

（島尾敏雄編『ヤポネシア序説』三八頁）

本書でも、その島尾の造語を借りて日本列島をヤポネシアと呼んでみることにする。そうすることで、わたしたちは、今までとは違う列島の姿を見つけることができると思うからだ。ヤポネシアと呼ぶことに対する期待を島尾は、「もう一つの日本、つまりヤポネシアの発想の中で日本の多様性を見つける」（四九頁）ことができると述べているが、その「日本の多様性」にわたしは大いに共感する。

ただし、大陸進出の悪夢に倦んだ島尾は戦後を考えようとしたから太平洋を真ん中に置いたが、わたしは古代の姿を考えたいので、日本海を真ん中に置いてヤポネシアの姿をイメージしてみた。それが新幹線のリクライニングシートに座っている姿であり、ひとまず背もたれの後ろに広がる太平洋は視界の外に置く。そうすると、ヤポネシアは島尾が思い描いたのとは正反対に、大陸（朝鮮半島から北東アジア）にしがみついているように見える（次頁「逆さ日本地図」参照）。

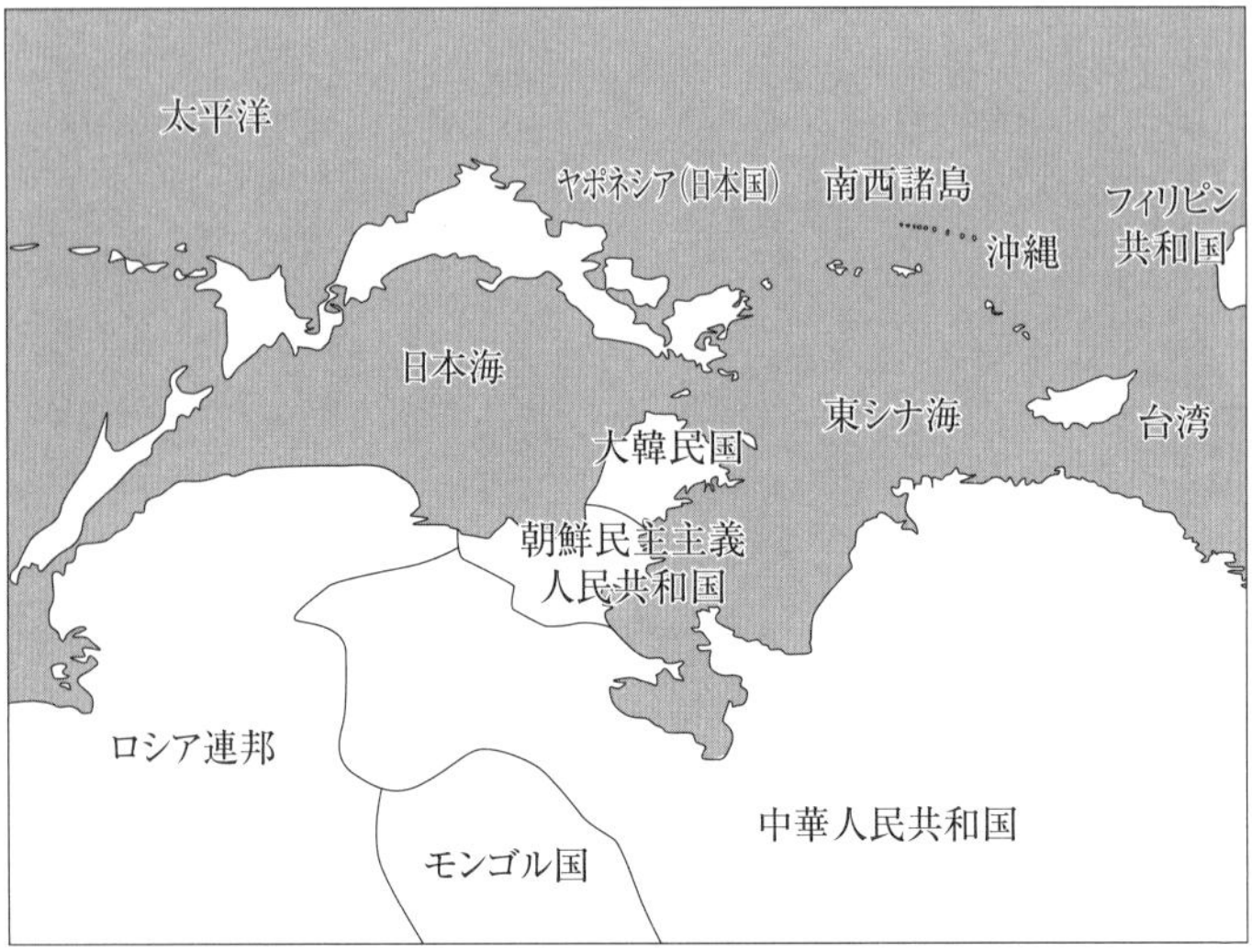

富山県作成の「環日本海・東アジア諸国図」を元に製作。

律令国家以前の日本の姿

近代における戦争と植民地への嫌悪から大陸に背を向ける島尾のイメージとは違って、古代におけるヤポネシアは大陸にしがみついてしか存在しえない世界だった。そしてそれは、富山県が作成（一九九四年初版）して評判になった通称「逆さ日本地図」（環日本海・東アジア諸国図）を見ればよくわかる。どの地域も、日本海を中に置いて向き合っているのである。ただ、北を下にした地図というのは見慣れないので、この本をひっくり返して北が上になった状態でヤポネシアと大陸を眺めてみてほしい。そうすると、わたしが説明したリクライニングシートに座っている姿に見えるはずだ。そしてそこでは、近代においては「陰」とか「裏」として位置づけられた地域が、大陸に向き合う正面あるいは「表」として存在を主張しはじめる。

ヤポネシアという造語を借りながら、本書でわたしが取り上げようとするのは、考えるための頭と動くための下肢の半分を失った、膝小僧の辺りから鳩尾《みぞおち》の辺りまで、それも対馬暖流に洗われるヤポネシアの表皮をなぞるだけになってしまう。ずいぶん中途半端なヤポネシアのように思われるかもしれないが、なぜそのような作業を試みるかといえば、遺された古代の文献と、それをとりまく考古学や歴史学などの情報を頼りに、ヤマトに王権が誕生し律令国家へと成長する以前の列島の姿を覗き見たいからである。

しかし、ヤマト王権の誕生以前だけを見るのはとうてい無理なことで、古事記や日本書紀や風土記や万葉集などを主要な文献として描き出せるのは、律令国家「日本」が成立する七、八世紀と、その奥に霞がかって見える三～六世紀の「日本」以前とが混在した姿ということになるだろう。ここでは、その両者を腑分けしながら、時に混濁したままに拾い上げようというのである。霞んではいるとしても、太平洋側よりは日本海側の諸地域のほうが、奥に潜められたヤマト以前を窺いやすいだろうというのがわたしの見立てである。

地名の掌握＝国家の支配

さて、その膝頭から胸の辺りをどのように呼べばいいかというと、一括して呼ぶ呼称は成熟していない。範囲としては日本海側とか環日本海地域とか言えば通用するだろうし、本書でもその表現は時に用いることになろうが、律令が生み出した「日本」という呼称が入っているのは気になるしそれほどインパクトがあるとも思えない。

西日本の日本海側に関しては山陰地方という呼称がある。この地域表示は、律令国家の成立とともにできた山陰道（五畿七道のうちの一つ）に由来する語で由緒は古く、学校教育でも定着した呼称かもしれない。しかし、その呼び名を使うと、律令国家に組み込まれた後の地域呼称になってしまうし、明るい山陽地方に対する暗くて陰気な山陰《やまかげ》イメージが付きまとってしまう。ここでは、少なくとも律令以前の地域呼称に「山陰」を使うのは避けたい。

本書では、小単位の呼び名はもっぱら旧国名を使用することになりそうだが、当然これも律令以降の名称だ。ただし、稲羽《いなば》（因幡）とか伯伎《ははき》（伯耆）とか、古事記には律令以前と考えられる表記が遺っているところもある。しかしそれも限られていて出雲などは区別がない。ということになるので必要に応じて説明しながら用いることになる。

一方、北のほうの日本海側は、律令制度のなかでは北陸道に編入された地域ということになる。ある時期、この地域を含めて日本海側全体を呼ぶのに「裏日本」という呼称が使われていたが、これは明らかに「日本の近代化のなかで産み落とされた政治的産物」であり、「一九〇〇年頃から社会的格差をあらわす概念」になっていくわけで（古廏忠夫《ふるまや》『裏日本』六〜七頁）、本書ではいっさい用いない。ここでは、北陸という律令以降に生じた呼称と区別したい場合には、古事記に用いられる「高志《こし》（高志の道）」という表記を用いてそれ以前を呼ぼうと思う。しかし、どのように呼ぶとしても混同や混乱は避けられない。

いささかなりとも地域名称にこだわってみるだけで、地名を国家が掌握することによって人びとを支配しようとする構造が理解できる気がする。なぜなら、古い地名や地域呼称を消すことによって、存在そのものが消されてしまうからである。それゆえに本書では、できるかぎり律令以降とそれ以前の呼び方に注意しながら話題を展開したいと考えている。その手始めとして、「日本」に対する、それ以前の列島呼称として、ここではひとまず「ヤポネシア」という言葉を借りたのである。

そうすると次には、地図の中心に据えられた海をどう呼べばいいかという問題が浮上する。これは、現在の日韓関係にも波及する大きな問題になるが、「日本海」以外の言い換えは思いつかない。「東海」という韓国の主張する呼称は方位概念を払拭できないから、どこからみるかによって揺れを生じてしまう。出雲国風土記（天平五年［七三三］、出雲臣広嶋撰）ではそこを「北海《きたうみ》」と呼んでいる。日本書紀にも「北海」の呼称は出てくるが、それら方位に基づいた呼称は、おもに自分たちの生活圏としての近海（沿海）部を指していて、外海（遠海）への意識はほとんどないようにみえる。しかも揚げ足取りになってしまうが、（日本の）東北地方から見ると「西海」、ロシアから見ると「南海」ということになって、日本海は意味不明の場所になってしまう。

ちなみに、日本海という呼称は、植民地時代の近代ヨーロッパで作られた地図の名付けから出ているようで、近代日本の植民地主義とは関係がない。とくに由緒のある名称というわけでもないが、今は便宜的に使用するしかない。そのあたりの問題に関しては、網野善彦が次のように述べるのが、今後の呼称を考える場合に考慮すべき視点ではないかと思う。

日本列島、「沿海州」、朝鮮半島に囲まれた内海を、「日本海」と呼ぶのは僭称《せんしょう》ではないかと思われる。秦《しん》がシナになり、地名化したシナとは違い、「日本」は地名ではなく、いまも特定の国家の名前だからであり、もとよりこれは「日本帝国主義」などとは無関係に、十七世紀から西欧の地図に用いられてきた名称であるとはいえ、多くの国民のとりまくこの海に、特定の一国家の国名を冠するのは、やはり海の特質になじまない。

いつかこの内海をとりまく地域のすべての人々の合意の下で、この海にふさわしくすばらしい呼称のきまる日が、一日も早く来ることを、心から期待したい。すでに韓国の知識人から「青海」という提案が行われており、これはエメラルド色の美しいこの海の特質をよく表現しえた名称と私は考えるが、これをふくめてさまざまな提案が各方面から行われるとよいのではなかろうか。ただ当面、本書ではこうしたことを前提にしたうえで、便宜、現行の「日本海」を用いることとする。

（『日本の歴史00　「日本」とは何か』三七〜三八頁）

このようになるのが、誰もが受け入れられる名称ではなかろうか。なじむまでには時間がかかるけれども。とすると、それに呼応して使用されることの多い、日本海文化とか環日本海文化という呼称も、文化論的には比較的定着しているとしても再検討を求められる。日本海文化というのは、考古学者の森浩一や民族学の大林太良《たりょう》、そして作家の松本清張らによって一九八〇年代からさかんに用いられるようになり、それを受けてわたしなども便利に使わせてもらってきた。こちらのほうは列島内部の問題というべき性格が強いのだが、海彼《かいひ》との交流という面も大きく関与しているわけで、「日本海」呼称とともに考えなければならない概念だということになる。

そう考えると、日本海文化に近い呼称として用いられる「青潮《あおしお》文化」という言い方は注目される。青潮というのは、人文地理学者の市川健夫による命名で（市川健夫編『青潮文化』）、黒潮から分岐した対馬暖流と重なる言葉として使用されている。ヤポネシアの膝小僧から胸の辺りまでしか取り扱えない本書からすると、日本海文化のほうが今の段階ではしっくりしそうな気はするが、本書で用いる日本海文化という語は、青潮文化という概念と重ねて用いられているというふうに思ってもらえればありがたい。そして同時に、日本海という呼称には、「青海」という呼称も内包しておきたい。そのほうが、日本海側のもつ「陰」であり「裏」であるという差別的なイメージを払拭する効果もあるかもしれない。ただ、青潮と呼んだのでは海流と同じで流れ動くイメージが付きまとってしまい、日本海という語のもつ場所のイメージ、高尚に言えばトポスとやらが感じられなくなってしまうのが気になるのである。

穏やかな内海としての日本海

三重県で生まれ育ち高校生になるまで日本海を見たことがなかったわたしにとって、「荒れる海」の代名詞が日本海であった。そして、そのイメージの大方は、教科書にも出てきた松尾芭蕉の句、

荒海や　佐渡によこたふ　天河《あまのがは》

（『おくのほそ道』）

によって作られたものではなかったかと思う。出雲崎（新潟県三島郡出雲崎町）で想を得た句とされているが、作られたのは初秋（旧暦七月）で空には天の川がきれいに架かっているとなれば、伊賀で生まれた芭蕉もまたイメージのなかの荒れる日本海を詠んでいるのは明らかだ。

むろん、冬の北西季節風や低気圧によってひどく荒れるのはわたしも知っているが、ふだんは干満の差も小さい穏やかな海が日本海である。そのことを中国文学者の中野美代子は、「内海《うちうみ》」という言葉で表現する。そして、「古来の日本人漂流者の圧倒的多数は、太平洋というばかでかい海において発生したという、ごく明白な事実である。このごく明白な事実は、太平洋とは反対側の日本海がおどろくほど穏やかな海であることの再確認をうながす」と言い、加えて、「要するに日本海は、日本人に『他者』あるいは『他者意識』を、いっさいもたらさなかったのである。古代から、そして、いまでも――」と述べる（『日本海ものがたり』一九～二〇頁）。

後半で述べている「他者（他者意識）」をもたらさないという認識については疑問があり、ことに古代の日本海こそが他者に出会う場所だったのではなかったかとわたしは考えているが、その点については以降の論述で明らかにしたい。ただ、「おどろくほど穏やかな海」としての内海という認識は、日本海のあり方を考える上でとても大事なことだ。

中野のいう「内海」という認識を「縁海《えんかい》」と表現するのは、海洋学者の蒲生《がもう》俊敬《としたか》だが、日本海の特徴を次のように整理している（『日本海』一四～二九頁）。縁海というのは「大洋から区切られた閉鎖的な海域」のことで、北太平洋の西端域に並ぶオホーツク海・黄海・東シナ海・南シナ海などのことだが、そのなかで日本海は、

①外部の海とつながる海峡が浅く、地形的な閉鎖性が強いこと。
②対馬暖流がつねに流れ込んでいること。
③冬季に北西季節風が吹き抜けること。

といった特徴があるという。そのために冬の荒海や大雪が生じる一方で、穏やかで干満差の少ない海での生活を保証し、比較的温暖な気候や豊かな水をもたらしてくれる、そのような海が日本海だということを蒲生の研究は教えてくれる。

古代ヤポネシア「表通り」はいかなる世界だったのか

以上のようなかたちで、ヤポネシアと日本海に関して必要な前置きをした上で、このあと本書は、対馬暖流（青潮）の流れに寄り添うかたちでヤポネシアの「表通り」を東へ、そして北へと進んでゆく。先ほどもふれたが、おもに扱う資料は古事記や日本書紀、あるいは風土記や万葉集などの文献資料であり、事実に寄り添ってばかりはいないということにも注意しておいてほしい。そしてここでのわたしは、事実だけを重んじようとは考えていない。事実とは別の次元にあるかもしれない神話や伝承のなかに表現されたその先へも踏み込みながら、古代ヤポネシアの「表通り」がいかなる世界だったのかということを見いだしたいと思っているのである。

なお、本書では、その「表通り」の世界を「表ヤポネシア」という語を用いて論じていく。その呼称からは「裏」ヤポネシアも存在するのかと思われるかもしれないが、ここには「裏ヤポネシア」は存在しない。向きあっているのは「ヤマト」である。そして、本書で用いる「ヤマト」という呼称は、盆地のなかに出現した小さなクニ「倭《ヤマト》」から、律令国家となってこの列島を支配することになった「日本《ニッポン》」（それは現代にまでつながる）に至るまでの王都を中心とした地域およびその支配機構を広く指している。しかし、そこを裏ヤポネシアとは呼ばない。なぜなら、ここで論じるヤポネシアには「表ヤポネシア」しか存在しないからである。その表ヤポネシアは、「ヤマト」が律令国家「日本」となった時点で「裏」にされてしまい、「山陰道」や「裏日本」という差別構造のなかに組み込まれてしまう。

そのように説明すると、ここで始めようとする作業は、表通りが裏通りへと位置づけ直される道筋を追うだけに見えるかもしれない。しかし、わたしとしては、「日本」という単一の世界に収斂されてゆく歩みを肯定的に後追いするのではなく、「日本」という呪縛から解き放たれたそれぞれの場所へと飛翔し、そこから飛躍しようとする試みでありたいと願っているということを、始まりの前に書き添えておきたい。

「海の民」の日本神話　古代ヤポネシア表通りをゆく　目次

〔凡例〕

1　本文で用いる神名と一部の人名については旧かな遣いによるカタカナ表記とし、初出例などには原文の漢字表記を添えた。漢字で記述した神人名の訓み（振りがな）については、文献に出てくる神名は旧かな遣い、それぞれの神社の現在の祭神名および歴史上の人名（姓名）は現代かな遣いを原則とした。ただし、引用文についてはこの限りではない。

2　神社の祭神名については、それぞれの神社で用いている表記および呼称にしたがったが、本文のなかでは統一性をもたせるために古事記等の呼称にあわせているところがある。

3　引用した古典作品は、信頼できるテキストに基づいて三浦の責任で現代語に訳した。参照した主なテキストは以下の通りである。古事記については『日本思想大系』（岩波書店）および『新編　日本古典文学全集』（小学館）、日本書紀・風土記については『新編　日本古典文学全集』および『日本古典文学大系』（岩波書店）、続日本紀については『新日本古典文学大系』（岩波書店）、万葉集については中西進『万葉集　全訳注原文付』（講談社文庫）。なお、これらの書名については、煩雑になるのを避けて『　』は付けていない。

4　地図および図版類のうち、先行文献から借用（参照）したものについては当該箇所に注記し、博物館・資料館等から提供を受けたものについても同様に注記した。御礼申し上げる。それら以外の、注記のない写真は著者の撮影である。

「海の民」の日本神話

古代ヤポネシア表通りをゆく

第一章　海に生きる――筑紫の海の神と海の民

まずはヤポネシアの膝小僧に見立てた筑紫について考えてみたい。

神話では、九州全体も筑前（福岡県西部）・筑後（福岡県南部）にあたる地域もツクシと呼ぶのだが、ここで用いる筑紫の範囲は、おおよそ豊前（福岡県東部から大分県北部）、筑前・筑後、肥前（佐賀県・長崎県）と壱岐・対馬など玄界灘に浮かぶ島々、いわゆる九州北部を指しているというふうに了解してほしい。

九州は、国生み神話や倭建命《やまとたけるのみこと》の討伐伝承などで熊曾《くまそ》国と呼ばれる南九州と、その他の地域とでは、文化や習俗などに大きな違いがあったらしい。そして、その他の地域のなかでも、ここで対象とする一帯は、朝鮮半島に向き合う、古代ヤポネシアのウォーターフロントと呼ぶのがふさわしい地域である。

舟で来たスサノヲ

高天の原で乱暴をはたらいたスサノヲ（須佐之男命）は、出雲にやってきて例のヲロチ（遠呂知）を退治してクシナダヒメ（櫛名田比売）と結婚する。これが、古事記に語られるスサノヲの、地上での最初の行動である。

高天の原から追放され、さまよう途中でスサノヲは、場所は判然としないのだが（わたしは高天の原でも地上でもない第三の異界とみる）、女神オホゲツヒメ（大宜都比売神）に出会って食べ物を乞うという話がある。そして、その女神殺しによる五穀の起源神話のあとにヲロチ退治神話を載せるのが古事記で、この展開は、地上に稲種をもたらすスサノヲを語る古事記の神話の流れとしては重要なところだが、ここでは、日本書紀の一書に注目したい。

日本書紀の神話は、編纂者が正統と認めた正伝のうしろに何本かの異伝（一書と呼ぶ）を並べているのだが、そこでは、スサノヲ（素戔鳴尊）は天から直接出雲に降りてきたり（第八段正伝、同一書第一）、安芸国の可愛《え》というところに降りてきたり（同一書第二）する。そしてその一つに、朝鮮半島の新羅《しらぎ》に降りたという次のような神話がある。

この時、スサノヲ（素戔鳴尊）は、その子イタケル（五十猛神）を連れて、新羅《しらき》の国に降り、曾尸茂梨《そしもり》というところにいた。ところが言挙《ことあ》げして、「ここには住みたくない」と言うと、埴土《はに》でもって舟を作り、それに乗って東に渡り、出雲の国の簸《ひ》の川上にある、鳥上《とりかみ》の峰に到った。（以下、大蛇退治、省略）

はじめイタケルが天から降りた時、種々の樹種《こだね》をもってきたが、韓地《からくに》には植えず、すべて持ち帰り、筑紫からはじめて大八洲《おおやしま》の内に植え尽くして青山にしない山はなかった。そのためにイタケルを讃えて功績のある神という。紀伊《き》の国にいます神がこれである。

（日本書紀、第八段一書第四）

注目したいのは、スサノヲが新羅から出雲にやってくるという移動の仕方である。息子イタケルとともに新羅に降り、そこから出雲へのルートは舟だったというから、日本海を渡ったのだ。筑紫経由なのか出雲に直行したのかはわからないが、どちらも考えられる。たとえ筑紫に着いたとしても、そこから出雲へは暖流に乗って舟で動いたはずだ。また、イタケルが木の種を蒔き始めたのが筑紫だからといって、新羅から筑紫に渡来し、ふたりして種を蒔きながら東に進んだというふうに几帳面に考えるのは神話の読み方としては却って危険なように思う。たしかに、次に並べられた一書の第五には、

スサノヲが言うには、「韓郷《からくに》の島には、金や銀がある。ゆえに、わが子の治める国に、浮く宝（船）がないのはよくないことだ」と。すぐさま、鬚髯《ひげ》を抜いて撒《ま》くと、杉になった。また、胸毛を抜いて撒くと、檜《ひのき》になった。尻の毛は、柀《まき》になった。眉毛は、櫲樟《くす》になった。そして、それぞれの木の用途を定めて、「杉と櫲樟の二つの樹は、浮く宝にせよ。檜は、瑞《みづ》の宮（宮殿）の材にせよ。柀は、人間どもが死んで墓に葬られる時に伏す棺として備えよ。その他、食べるためのさまざまな木の種も、みな蒔き植えた」と言った。

（日本書紀、第八段一書第五）

とあって、スサノヲも植林をしており、樹木の起源にかかわっているのは明らかである。しかし、直前に引いた一書第四のスサノヲの渡来神話とイタケルの植林神話は、同じ一書に並べられてはいるが別のものだとみなしたほうがいい。そして、朝鮮半島からヤポネシアへの入り口を、いつも「筑紫」が占有していたと考えるべきではない。このことは、これからさまざまな資料を読んでいくなかで明らかになるが、歴史教科書がいうように朝鮮や中国との交流が筑紫（博多湾）という場所に限られてゆくのは、ヤマトに王権が成立しこの列島を独占的に支配するようになった後のことだということは忘れないようにしたい。

　もう一つ、この神話で興味深いのは、植えられた樹木の用途のなかで、スサノヲがとくに強調しているのが船の材料であるという点である。そして、そこで決められたというスギとクスだが、実際に発掘される縄文時代の丸木舟の材料を調査した考古学者の辻尾榮市によれば、舟に用いられた木はスギが多く、次いでクスノキが多いといい（『舟船《ふねの》考古《こうこ》学《がく》』）、スサノヲの決定と一致する。というより、現実の用途に基づいて神話が語られているのだから、考古学的な事実と一致するのは当然のことだ。

　ところが、木の船の生みの親ともいえるスサノヲは、新羅から渡って来るのに泥の舟に乗っていた。どちらの一書も、新羅や朝鮮半島（韓地、韓郷）に強い対抗意識をもっているために、住みたくない新羅には木を植えず、ゆえに船にする木がなかったから泥の舟でやってきたと、ある種論理的な思考をはたらかせているのである。それとともに、泥の舟でも大丈夫なほど近い距離に新羅と出雲は位置していると、古代の人びとは認識していたこともわかる。

新羅と出雲

もし五〇年前、わたしが学生の頃にこのような発言をしたならば、おそらく古代文学の研究者への道は閉ざされていたのではないか。わたしの指導教授はそんなことは言わなかったと思うが、古代史の、しかも進歩的立場にいるとされる研究者であればあるほど、新羅と出雲との直接的なつながりなど受け入れることはできなかったはずだからである。そのようなことを確認するために、ちょっと先走って出雲国風土記に載せられた「国引き」詞章を紹介することからはじめる。

全体は韻律的な表現に富んでおり、専門的な語り部が儀礼の場で音吐朗々語り聞かせたものと考えられるのだが、内容は、出雲の島根半島がもとは存在しなかったので、巨軀をもつヤツカミヅオミヅヌ（八束水臣津野命）が、四回に分けて海の向こうの大地の余りを切り取り、綱をかけて引っ張ってきて縫い合わせた、それによって島根半島ができたという神話である。ここには、その詞章の一回目の国引きを引用する。

「栲衾志羅紀《たくぶすましらき》の三埼《みさき》を、国の余り有りやと見れば、国の余り有り」と詔《の》りたまひて、
童女《をとめ》の　胸鉏《むなすき》取らして、
大魚《おふを》の　支太《きだ》衝き別けて、

波多須々支《はたすすき》　穂振《ほふ》り別けて、
三身《みつみ》の　綱打ち挂《か》けて、
霜黒葛《しもつづら》　闇々耶々爾《くるやくるやに》、
河船の　毛々曾々呂々爾《もそろもそろに》、
国来国来《くにこくにこ》と引き来縫へる国は、去豆《こづ》の折絶《をりたえ》より八穂爾支豆支乃御埼《やほにきづきのみさき》なり。
かくて、堅《かた》め立てし加志《かし》は、石見《いはみ》の国と出雲の国との堺なる名は佐比売山《さひめやま》、これなり。
また、持ち引ける綱は、薗《その》の長浜、これなり。

（出雲国風土記、意宇郡）

楮《こうぞ》を織って作った布団のようにまっ白《しろ》な新羅《シラキ》のあたりに国の余っているところはないかと思って探していたら、国の余りがあったことよと言って、神は、おとめの胸のような、すこし膨らんだ鋤《すき》を手に、大きな魚の鰓《えら》を海の民が銛《もり》で突き刺すようにして大地に突き立て、風になびくススキの穂《ほ》のように屠《ホフ》り別けて（大地を切り別けて、ホフルは解体すること）、その切り離した溝に三つ編みの頑丈な綱を引っかけて、木の幹に巻きついたつる草（シモツヅラ）をずるずると手繰り寄せるように、河船に綱をつけて上流に引き上げるように、国よ来い、国よ来いと言いながら引き寄せて縫い合わせた国が、去豆の折絶から杵築《きづき》の御埼（日御碕）である。このようにして、綱を結びつけておくために固め立てた杭が佐比売山（三瓶《さんべ》山）であり、引いてきた綱が薗の長浜になった、と語られている。

国造りの神であるオミヅヌが、まず最初に、新羅から切り取った大地を引いてきて縫いつけたのが、島根半島の西端、出雲国風土記では「御碕山《みさきやま》」と呼ぶあたりだというのである。その最初に見つけた土地の余りは「志羅紀（新羅）」の一部だったのだが、それを切り取って持ってきたと語る「新羅」について、歴史学者の石母田正《いしもだしょう》は、次のように解説する。

国引きの物語にシラギの名がみえることを、古代出雲地方と新羅とのあいだに交通または交渉があったからだという説が多くみえるが、博士はこれを否定される。私も博士の見解を支持したい。スサノヲの命が新羅に渡ったという記紀の物語もこれに関係するが、これは伝承が中央の大和においてつくられた結果であろう。大和国家が強敵新羅になやまされたのは五世紀末からであって、四世紀後半期は高句麗を主要な敵としていたのであるが、かかる朝鮮半島の情勢における転換が、日本人の新羅にたいする関心をよびおこしたとすれば、それは主として大和国家を中心とする地方においてであろう。したがって出雲地方の神話や物語において新羅の名が出てくるのは、新羅との直接の交通が過去にあったからではなく、いくらはやくても六世紀以降からの出雲と大和との隷属関係と文化の交流によって、大和から伝えられたとかんがえる方が妥当であるとおもう。

（「古代文学成立の一過程」）

「国引き」詞章を論じる際には、まっ先に読まなければならない論文とされ、わたしなども一九五七年の初掲誌『文学』を図書館から借り出し、まだ事務室にしか置かれていなかった湿式のコピー機を借りて複写し、ゼミで読み合わせしたのを思い出す。当時、この論文に当たることではじめて「国引き」詞章を論じることは許されたのだが、今読み返すと隔世の感を禁じえない。

引用文中の「博士」というのは戦後歴史学の教祖とも言える津田左右吉《そうきち》のことで、古事記や風土記などの神話は机上の創作であるとみなす研究者であり、戦後の進歩的な立場に立つ古代史・古代文学の研究者にとって津田説は金科玉条であった。その津田説に立脚した、戦後を象徴する歴史学者である石母田の代表作だが、今読み返してみると噴飯ものというしかない発言がちりばめられていて驚いてしまう。

大和中心主義の限界

引用した論文のどこに問題があるかと言えば、石母田の立場が「大和」中心主義以外の何ものでもないというところである。政治も文学も、立派なものは「大和」にしか存在しないので、新羅と出雲とが直接交流するなどということはありえないという認識が、石母田には揺るぎなく存在するのである。これは四回目に切り取られる高志《こし》という地に対する認識においてもまったく変わらない。「大和国家」が介在することで、出雲国風土記は高志を描くことができるというのである。そして、そうした中央中心主義的な認識をもつ研究者は現在でも多くいると考えてよく、その人たちからすれば石母田の発言は何ら不自然なところはないのだろう。

ちなみに、「スサノヲの命が新羅に渡ったという記紀の物語」というのは石母田に勘違いがあるようで、先に引いた日本書紀の記事を指しているらしい。むろん、そのような話は古事記には存在しないのだが、この時代の古代史研究者には古事記と日本書紀とを区別しようとしない人がめずらしくない。それは、区別する必要性を認識していないからである。

百済《くだら》と親密な状態にあった「大和」の、朝鮮半島とのつながりとは別に、ヤポネシアのあちこちには、当然「表通り」のあちこちということだが、それぞれに新羅や高句麗との交流や交渉・交易があったのではないかと、そのように思考してみることが必要だったのである。そして、そのような立場に立つこと以外に真実を見通す方法はないのだと思う。それが、石母田も目にしていた「古代出雲地方と新羅とのあいだに交通または交渉があったからだという説が多」い理由なのである。そうした多くの意見を否定して、「国引き」詞章に限定して言えば、結果的には国家や権力の側からしか表現と歴史をみようとしなかったところに石母田正の誤りはあった。左にしろ右にしろ、政治的な立場が鮮明であればあるほど、国家や権力を対象とする学説の寿命は短いというのがよくわかる。自戒もこめて言えば、多くの場合、国家や権力を相対化する視座がなかったということに尽きると思う。

ヤマトが朝鮮半島と交流するためには、筑紫という土地を経由するしか方法はなかった。そしてたしかに、そのルートがヤマトに独占されるという過程をたどって古代律令国家は成立するわけだが、それだからといってヤマトの側がすべての対外交渉ルートを制圧していたわけではなかろう。そのように思考することが求められているのだ。

安曇氏と宗像氏

流れの速い玄界灘を往来するには、当然、航海術に長《た》けた海の民がいなければ不可能である。

そして、玄界灘には古来、二つの大きな海の民の一族が存在した。その一つは、博多湾の入り口に位置する志賀島《しかのしま》を本拠として、ワタツミ（海の神）三神を祀《まつ》る安曇《あずみ》氏である。古事記によれば、イザナキ（伊耶那岐命）が黄泉の国から逃げ帰り、水に潜って体をすすいだ時に誕生する。

> つぎに、水の底に沈んですすぐ時に成り出た神の名は、ソコツワタツミ（底津綿津見神）、つぎにソコツツノヲ（底筒之男命）。また、水の中ほどあたりですすいだ時に成り出た神の名は、ナカツワタツミ（中津綿津見神）、つぎにナカツツノヲ（中筒之男命）。また、水の面《おもて》のあたりですすいだ時に成り出た神の名は、ウハツワタツミ（上津綿津見神）、つぎにウハツツノヲ（上筒之男命）。
> この三柱のワタツミは、阿曇《あずみ》の連《むらじ》らが祖神《おや》として祀り拝む神で、阿曇の連らは、そのワタツミの子、ウツシヒガナサク（宇都志日金拆命）の末《すえ》と伝える。また、そのソコツツノヲ、ナカツツノヲ、ウハツツノヲの三柱の神は、墨《すみ》の江の三前《みまえ》の大神。
> （古事記、上巻）

このワタツミ三神は、志賀島の志賀海《しかうみ》神社（福岡市東区）に祀られている。長崎県対馬市峰町に祀られる海神《かいじん》神社も、今は豊玉姫《とよたまひめ》を主祭神とするが、『延喜式』神名帳によれば和多都美《わたつみ》神社とあって、おそらくこの三神を祀っていたとみてよい。当然、安曇氏によって祀られていたはずである。

同時にイザナキの禊《みそ》ぎによって誕生したツツノヲ三神は、住吉大社（大阪市住吉区）に祀られる海（航海）の神で、ヤマト王権とのかかわりが深い。ことに、オキナガタラシヒメ（息長帯日売命、いわゆる神功皇后）の新羅遠征とかかわる伝承が古事記や日本書紀をはじめ肥前国風土記・万葉集などにさまざまに伝えられている。そのため住吉大社は、ツツノヲ三神とともに神功皇后を主祭神の一柱に加えることになったが、元は三柱の海の神を祀っていた。そのツツノヲという神名は、「星（ツツ）の男（ヲ）」で夜の航海に欠かせない星を神格化しているとも、「津（ツ）の男」で湊（津）を守る神ともいう。住吉大社を祀るのが津守《つもり》という一族であるところからみて、後者が正解ではないかと思う。その安曇氏と津守氏が祀る海の神は、日本書紀でもそうだが起源神話を共有しているところからみて、そのつながりは深かったと考えられる（次頁地図）。

今一つの海の民が祀る神は、宗像三神と呼ばれる海の神である。この神の誕生は、古事記や日本書紀に描かれたアマテラス（天照大御神）とスサノヲ（須佐之男命）による宇気比《ウケヒ》神話のなかで語られている。

アマテラスが、まず、タケハヤスサノヲ（建速須佐之男命）の佩《は》いていた十拳《とつか》の剣《つるぎ》を乞い取って、それを三つに打ち折り、玉の音も軽やかに、ユラユラと天の真名井《まない》に振りすすいで、それを口の中に入れたかと思うと、バリバリと嚙みに嚙んで、息吹《いぶき》のごとくに吹き出した狭《さ》霧《ぎり》とともに成り出でた神の名は、タキリビメ（多紀理毘売命）、またの名はオキツシマヒメ（奥津嶋比売命）。つぎに、イチキシマヒメ（市寸嶋比売命）、またの名はサヨリビメ（狭依

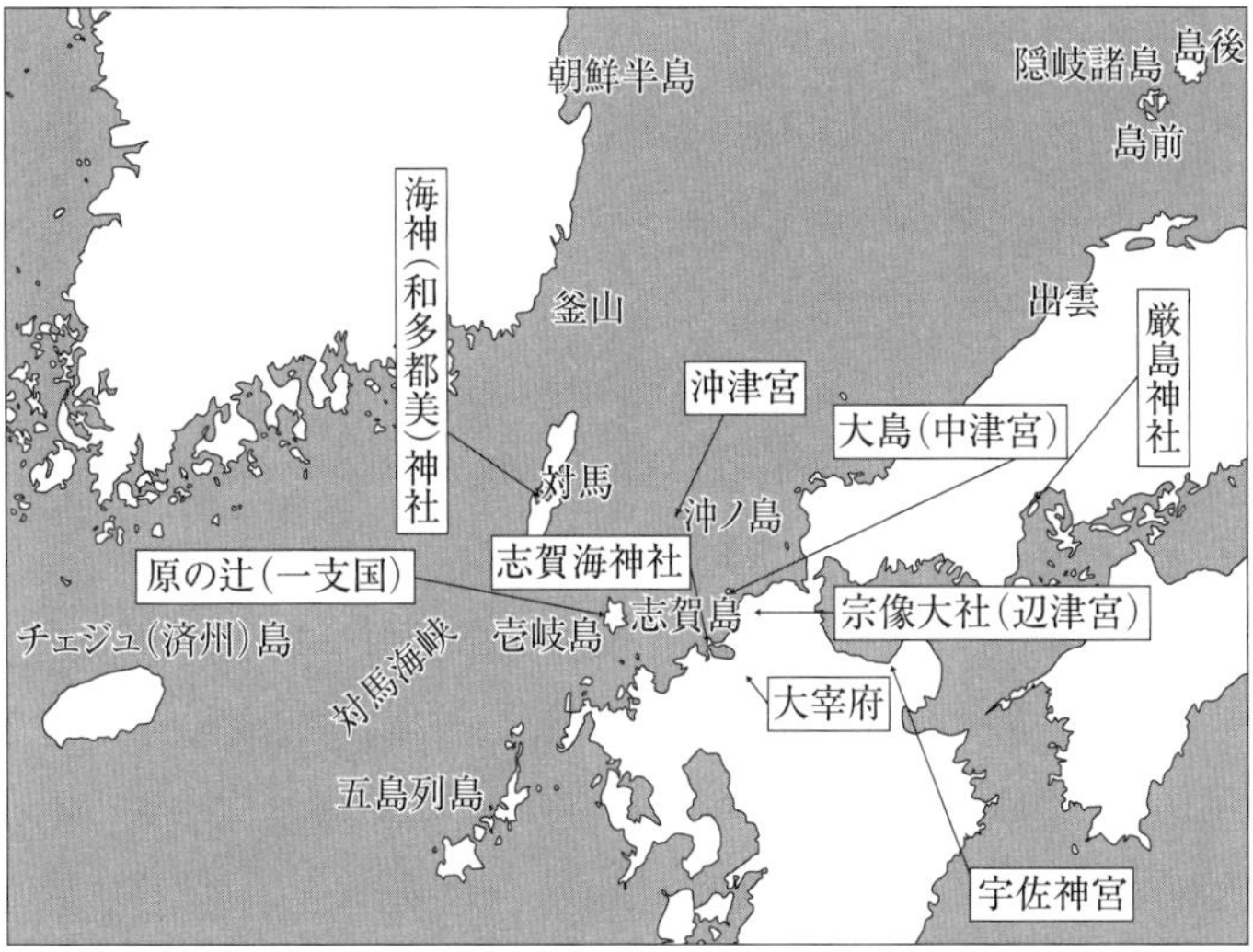

玄界灘を挟んだ朝鮮半島と筑紫。古代の対外交渉・交易の中心。

毘売命）。つぎに、タキツヒメ（多岐都比売命）。（古事記、上巻）

ここに吹き成された三柱の女神は、天照大御神の「詔《の》り別け」によってスサノヲの子とされ、タキリビメは胸形《むなかた》の奥津《おきつ》宮《みや》に、イチキシマヒメは胸形の中津宮に、タキツヒメは胸形の辺津《へつ》宮《みや》に祀られることになった。古事記には、「この三柱の神は、胸形君らが敬い祀る三《み》前《まえ》の大神なり」とある。ただし、日本書紀の第六段正伝では、タコリヒメ（田心姫）、タギツヒメ（湍津姫）、イチキシマヒメ（市杵嶋姫）の三神が誕生したと伝えており、宗像大社では、その伝えに従って、沖津宮に田心姫、中津宮に湍津姫、辺津宮に市杵嶋姫を祀っている。

宗像三神は、玄界灘の孤島・沖ノ島を中心

沖ノ島。玄界灘に浮かぶ孤島で、航海の安全にかかわる祭祀が営まれていた。

として二〇一七年に世界遺産に登録されたことで有名になったが、玄界灘はいうに及ばず、古代の日本海においても瀬戸内海においても、大きな勢力をもったとされる宗像氏が祀る女神である。その社殿は三か所に分かれており、辺津宮は九州本土（福岡県宗像市田島）にあって、その北の神湊《こうのみなと》から数キロ沖合に浮かぶ大島に中津宮が、そこから北五〇キロほど先に浮かぶ沖ノ島に沖津宮が鎮座する（次頁写真）。沖ノ島には四世紀頃から九世紀頃にかけての祭祀遺跡が巨岩の上や岩陰に遺されており、長年にわたる発掘調査によって見つかった八万点もの品が国宝に指定され、海の正倉院と呼ばれている。それは、玄界灘の航海がいかに危険を伴うものであったかを証明している。

　これら安曇氏や宗像氏が、ヤマト王権の内部に組み込まれ、朝鮮や中国との外交関係の

沖ノ島の宗像大社沖津宮。

なかで、大きな役割を果たしたのは明らかなことである。というより、ヤマト王権にとって、筑紫の海の民を支配下に置かない限り、外に出ることは不可能であった。

宗像三神は、筑紫の地だけではなく各地に祀られている。そのなかでも有名なのは、平清盛の信仰が篤かったことでも知られる厳島神社（広島県廿日市市）だ。ここは、瀬戸内を航海する上での要の地ともいえるところで、そこに宗像三神が祀られているということは、宗像氏の制海権がここにも及んでいたということを意味している。また、宇佐八幡こと宇佐神宮（大分県宇佐市）も、八幡様を祀る前は宗像三女神を祀っていたことが日本書紀（第六段一書第三）からわかる。朝鮮半島・中国大陸から筑紫に至り、そこから関門海峡を通って瀬戸内海の入り口にあたる宇佐、そして瀬戸内の要衝である厳島へと、ヤマトに向かう道筋に三神が祀られており、宗像氏の活動範囲がいかに広範なものであったかを示している。
そしてそれは当然、ヤマト王権の確立を意味したということになるはずだ。それが完全になし遂げられたのはいつのことだったのか。たとえば、大量の軍船が送り込まれたという白村江の海戦（六六三年）のなかに、安曇比羅夫《あずみのひらぶ》の名は見いだせるが、宗像氏はどのような役割を果たしていたのだろう。安曇も宗像も、いつもヤマトと親密な関係にあったとはとうてい考えられない。しかも、それは、高句麗・新羅・百済という朝鮮半島の国々との関係がどのようにあったかということによって流動的であったようにみえる。

筑紫と出雲

そもそも海の民である宗像や安曇が、ヤマト王権に忠誠を尽くさなければならない必然性はないのではないか。国境など明確に存在しない時代に、「縁海」と呼ばれる海を生業の場とする海民にとって、自在に移動できるところにこそ自分たちの存在意義はあるわけで、どこか一つに縛りつけられることなど望んでいたとは思えない。自分たちにとって有益であり生活に資するのであれば、さまざまなつながりが求められたに違いない。そうしたなかに、次のような系譜も存在する。

オオクニヌシ（大国主神）は、胸形の奥津宮にいます神、タキリビメ（多紀理毘売命）を妻として生んだ子は、アヂスキタカヒコネ（阿遅鉏高日子根神）。つぎに妹タカヒメ（高比売命）、またの名はシタデルヒメ（下光比売命）。このアヂスキタカヒコは、今、迦毛《かも》の大御神と言う。

（古事記、上巻）

古事記のオホクニヌシの系譜の一部だが、その真っ先に、オホクニヌシが、さきほど出てきた沖ノ島に祀られるタキリビメと結婚してふたりの子を生んだという。つまり、出雲の神と筑紫の宗像氏が祀る神とが結婚しているのであり、それは、この二つの土地あるいは豪族が緊密な関係で結ばれていたということを示唆している。そのことから、あるいはヤチホコ（八千矛神）のヌナガハヒメ（沼河比売）求婚の時も（第六章参照）、宗像の船が活躍していたという想像をはたらかせることができるかもしれない。

そして、その出雲と筑紫との関係を裏付けるような事件が、日本書紀に伝えられている。それは、ミマキイリヒコイニヱ（御間城入彦五十瓊殖天皇、第一〇代崇神天皇）の巻に載せられた次のような出来事である（［　］に入れた部分は要約）。

六〇年秋七月一四日、［天皇が群臣に、武日照命《たけひなてりのみこと》が、天からもって来て出雲大神の宮に蔵《おさ》めている神宝を見たいと言ったので、すぐさま矢田部造《やたべのみやつこ》の祖《おや》・武諸隅《たけもろすみ》を派遣して献上させた］当時、出雲臣の祖・出雲振根《いづものふるね》が神宝を護っていた。ところが振根は筑紫の国に出かけていて会えなかった。すると振根の弟・飯入根《いひいりね》が天皇の命令を受けて、すぐさま神宝を、弟の甘美《うまし》韓日狭《からひさ》とわが子の鸕濡渟《うかづくぬ》とに託して献上した。用を終えて筑紫から帰り、神宝を朝廷に差し出したということを聞いた出雲振根は、弟の飯入根を責めて、「数日ぐらい待てただろう。何を恐れて、いとも簡単に神宝を渡してしまったのだ」と言って怒った。

（日本書紀、崇神六〇年）

その土地の神宝を献上させるというのは、土地の領有と等しい行為だと言ってよい。そして、要求に応じた弟と留守にしていた頭領である兄との対立がここでは語られているが、兄弟というのは伝承の様式に乗っかったもので、出雲内部の権力争いに、ヤマトの側が乗じたというふうに読めばよい。このあと、兄の振根は弟を水浴びに誘って弟イヒイリネを殺し、恐れた弟ウマシカラヒサと子ウカヅクヌがヤマトに救援を要請したのに乗じて、ヤマト王権が出雲に介入したと語られている。それで出雲は息の根を止められた。

現実にあったとすれば、三世紀か四世紀の出来事であろうか。この記事で注目したいのは、ヤマトが介入した時、出雲を領有していた出雲振根は、筑紫に出かけていて留守だったという点である。筑紫という大きな勢力をもつ地域と出雲は緊密な関係にあった。一方、ヤマトは出雲への介入をもくろんで、もう一方の出雲の勢力と結託しようとした。このように読んだ時、かなりリアルな出雲滅亡への道筋が描けるのではなかろうか。そして、そのような関係として出雲と筑紫とがつながっているからこそ、オホクニヌシとタキリビメとの結婚も語られるのである。ただし、出雲振根が出かけていたとされる筑紫が、宗像氏のところであったかどうかはわからない。

ところで興味深いことに、フルネ（振根）という名前が出雲国風土記に出てくるのである。

健部《たけるべ》の郷　（略）［元は、宇夜都弁命《うやつべのみこと》の社があったので宇夜の里と呼んでいたが、のちに健部と改めた。そのわけは］纏向《まきむく》の檜代《ひしろ》の宮で天下を支配なさった天皇（第一二代景行天皇のこと）が、「朕《あ》が御子である倭健命《やまとたける》の名を忘れない」と仰せになり、健部を設置なさった。その時、神門臣古禰《かむどのおみふるね》を健部の管理者となさった。そこで、健部臣等は昔から今に至るまでこの地に住んでいる。それ故に健部と言うのである。

（出雲郡健部郷）

神門氏は、出雲国の西部地域（宍道湖《しんじ》の西にあたる出雲郡、神門郡あたり）の豪族だが、ヤマト王権が設置した健部（ヤマト王権の直轄領の一つ）の管理者に命じられたというのである。時代はわからないものの、その段階ではヤマト王権に服属していたということになるが、その神門氏の祖の名が古禰だったという。漢字は違うが、この健部郷の古禰は、日本書紀に出てきた出雲振根（兄弟対立譚に仕立てるために出雲振根になっている）と同一人物、あるいはフルネというのは神門氏一族の長《おさ》が代々受け継ぐ世襲名とみなしてよいのではないか。

おそらく神門氏は、もとは筑紫の勢力と緊密な関係にあり、のちにヤマトの勢力に屈することになった。それに対して、出雲東部の意宇《おう》郡（現在の松江市の辺り）を中心として勢力を築いていた出雲（淤宇《おう》）氏は、早くからヤマト王権との関係が緊密だったと考えられ、その両者の関係が日本書紀の伝えの背景にあるとみることができそうである（三浦『出雲神話論』第六章参照）。ここからは、ヤマトが介在する以前の、日本海側のつながりを窺うことができるのである。

信州・安曇野に到達した安曇氏

宗像および安曇という筑紫を代表する海民が、対馬暖流とともに東方につながりを持っていることは、今後の本書の展開ともかかわることだが、信州の安曇野が安曇氏の住みついた土地であるという伝えは広く知られている。たとえば、穂高神社（長野県安曇野市）の祭神、穂高見神《ほたかみ》は、安曇氏が祀るワタツミの子ウツシヒガナサク（宇都志日金拆命）の別名と伝えている。この神社には、毎年九月、御船《おふね》と呼ばれる大きな船型の山車《だし》をぶつけ合う祭り（御船祭り）が行われ、海の民の末裔を彷彿とさせるところがある（二二五頁写真）。同様に、諏訪大社（長野県諏訪市・茅野市・諏訪郡）の祭神タケミナカタ（建御名方神）のミナカタはムナカタ（胸形／宗像）に通じるのではないかという解釈もあり、どちらも、新潟県糸魚川市に河口をもつ姫川を溯ったところに位置している。このあたりの問題は、後の章において改めて話題になるだろう。

また、『延喜式』神名帳をみると、伯耆国会見郡に「胸形神社」の名が見える。会見郡では大神山神社（大山の神を祀る）と並んで二社だけが載せられているところをみると、この地域ではそうとう有力な神社だったとみなせよう。そして、宗像三神を祀る神社がここにあるということは、宗像氏の拠点があったということを示しているとみてよい。現在、鳥取県米子市宗像の地に祀られる宗形神社のこととされているが、その場所は今は海岸から少し離れている。ただ、古代の海岸線はかなり内陸に入り込んでいたところらしく、もとは中海（出雲国風土記では「入り海」と呼ぶ）にも接するような場所だったのではないか。近くには、福市遺跡や青木遺跡など弥生時代から古墳時代にわたる大規模な集落遺跡も存在する。

他には、隠岐国知夫《ちぶ》郡には「海神社」の名がみえる。現在の島根県隠岐郡西ノ島町にある海神《かい》社とみてよいと思うが、祭神も由緒もよくわからない。あるいは、ワタツミを祀る安曇系の神社である可能性もあるだろう（『延喜式』には「二座」とあって、三神のワタツミとは違っている）。

いずれにしても、筑紫の海の民が、早い段階から対馬暖流とともに日本海を東へと移動し、さまざまな活動を行っていたというのは十分に想像できるところである。このことは、次章以下の論述のなかでも注目していきたい。

筑紫の海の民たちの交流

九州の海民たちの暮らしぶりを知ることのできる悲劇が、万葉集に載せられている。巻一六に載せられた「筑前国の志賀《しか》の白水郎《あま》の歌」と題された一〇首の短歌だが（三八六〇〜六九番）、そこには、荒雄《あらお》という海民（「白水郎」は海民をいう漢語）の遭難事故を悼む歌（引用省略）が並び、そのうしろに、次のような左注が添えられている。

右は、神亀年間（七二四〜九）、大宰府管内の筑前国宗像郡の民、宗形部津麿《むなかたべのつまろ》に命じて、対馬の食料を送る船の船頭に命じた。時に津麿は、滓屋《かすや》郡志賀村の海人《あま》である荒雄の許を訪れ、「用があって来たが、聞いてくれないか」と言うと、荒雄は、「我は郡を異にするとはいえ、同じ船で長く過ごしてきた。心は兄弟よりも深く、いっしょに死ぬことだって断りはしない」と答えた。すると津麿は、「役人に命じられて、対馬の食料を送る船の船頭に命じられたが、体が衰えて航海には耐えられない。そこでやってきたが、私と代わってくれないだろうか」と言う。荒雄は快諾して任務に従い、肥前国松浦県美禰良久《まつらのあがたみねらく》の崎から船出し、まっすぐに対馬をさして海を渡る途中、たちまち空が暗くなり暴風雨に襲われ、順風もなく海中に沈没してしまった。

（万葉集、巻一六、三八六九番左注）

この記事で興味深いのは、宗像（宗形）の船乗りと志賀島の船乗りとが長く同じ船に乗って親友だったということである。宗像系の海民と安曇の海民がいつもこのように交流があったのかどうかは定かではない。あるいは、ヤマト王権の出先機関である大宰府が筑紫の海運を差配することになって、こうした関係が生じたとも考えられるからである。しかし、ここに示されている関係は、津麿と荒雄との個人的なつながりというよりは、宗像一族と安曇一族との関係のなかで説明すべきであり、そのようにして相互に通じているというのが、海民のあり方だったのではないか。そうでなければ、海難などの危機回避は不可能だからである。

右に引いた左注の最後に、「或《あ》は云はく」として、「筑前国守《かみ》山上憶良臣、妻子の傷《いたみ》を悲哀《かな》しび、志を述べてこの歌を作れり」という文章が付く。一〇首すべて、あるいはその一部は、筑前国守として赴任していた憶良が歌ったと伝えられていたのである。とすると、当然、この左注も憶良が書いた文章だということになるのだが、たしかにここには憶良らしい心情が表れているようにみえる。

鬼屋窪古墳。左側手前の石に絵が彫られている。

荒雄が船出したという美禰良久というのは、現在の長崎県五島市三井楽町のことで、肥前国風土記には次のような記事が見つかる。

（松浦《まつら》郡値嘉《ちか》郷は）たくさんの島があり、西に船を泊める湊が二か所ある。その一つは相《あい》子田《こだ》の停《とまり》と言い、二〇隻余りの船が泊められる。もう一つは川原《かわら》の浦と言い、一〇隻余りの船を泊めることができる。遣唐使は、この湊から出発し、川原の浦の西にある美彌良久《みみらく》の埼に到り、そこから発船《ふなだち》して、西を目指して海を渡る。

（肥前国風土記、松浦郡値嘉郷）

万葉集のミネラクと肥前国風土記のミミラクは同じ地名の訛りで、それが現在のミイラク（三井楽）になっている。この記事からみると、荒雄の船出が美禰良久になっているのは、そこがヤマト王権の官船の出港地としてあり、船や物資の管理地であったためと考えられる。
肥前国風土記も万葉集と同じく、海人のことを中国風の「白水郎」と表記しているが、その海の民の生活を彷彿とさせる記述が松浦郡（長崎県松浦市から平戸市、五島列島に至る地域）の条を探るといくつか見られる。箇条書きに抜き出してみよう。

○白水郎《あま》たちが、大家島《おおや》に宅《いえ》を造って住んでいる。（大家郷）
○（値嘉島の）白水郎は、馬・牛に富んでいる。（値嘉郷）
○この嶋（川原の浦か）の白水郎は、容貌が隼人《はやひと》に似て、いつも騎射を好み、その言語は俗人《くにひと》とは違っている。（値嘉郷）

たんに海の幸を採って生活しているだけではなく、その生業は陸上にもあり、農耕や牧畜なども行っていたこと、騎馬に巧みで、九州南部に居住する隼人と呼ばれる人たちに似た容貌をしているともいう。漁師というよりは、もっと多彩な生業と広い活動範囲をもって生活していたらしいということが窺える記事である。

玄界灘の海の民というと思い出すのは、壱岐島に出かけた折に見た小さな古墳の入り口の石に刻まれた捕鯨の絵である。それは、島中央部の西端、壱岐市郷ノ浦町有安触《ごうのうらちょうありやすふれ》というところにある鬼屋窪《おにやくぼ》古墳（四一頁写真）に描かれていた。現在は、道路から離れた林のなかに、覆土もなく羨《せん》

（上）鬼屋窪古墳の鯨漁の線描画。（下）復元図（提供・壱岐市教育委員会）。

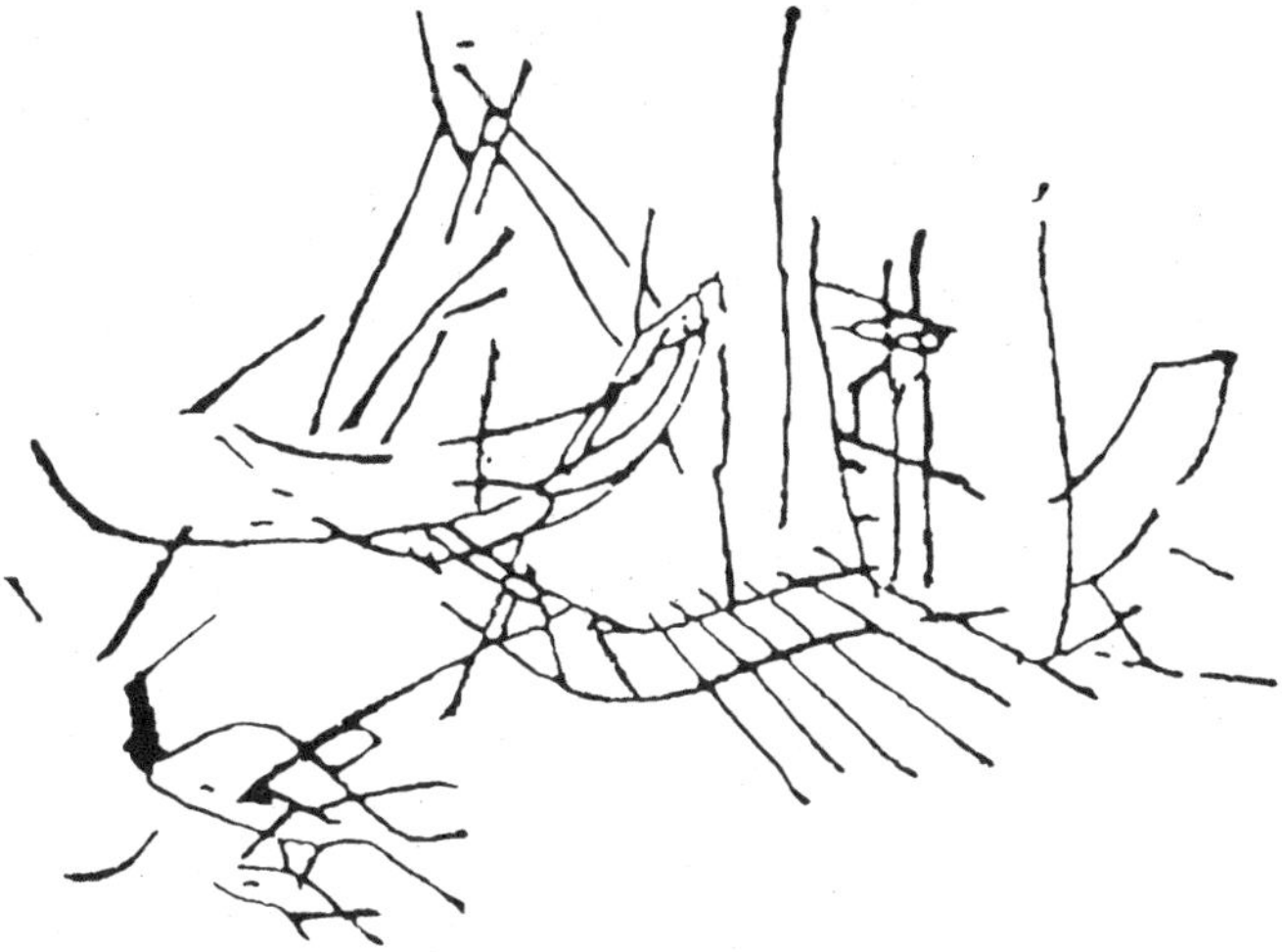

道《どう》と玄室部分の大きな石だけがむき出しになっており、棺も失われている。案内板によれば六世紀末から七世紀前半の築造ということだが、その入り口左側の石に刻まれているのが前頁に掲げた線描画である。すでに風化していて肉眼では何の絵かわかりづらいが、復元図を手がかりに確認すると、描かれているのは鯨漁の様子であることがわかる。

舳《へ》先《さき》と艫《とも》とが反り上がり、何本もの長い櫂《かい》を付けた二艘の舟が並んでいる。舟の上には長い棒（おそらく銛）を持った人がいて、その先の海には大きな魚（おそらく鯨）の親子らしき姿がある。その母鯨の胴体にはすでに長い棒が一本刺さっている。鯨に向かって右側の舟（絵では上のほうに描かれた舟）の人は、長い棒を高く掲げてジャンプをしており、今まさに鯨に向かって銛を打ち込もうとしている。左側の舟人ははっきりしないが、船首に立つ人はすでに銛を打ち込んだあとで、まん中あたりには帆柱かやぐらに登っているらしい人もいる。

古代の壱岐島周辺には、このようにして銛一本で鯨を獲る海の民がいたことに感動してしまった。しかも、そこに描かれていた姿は、写真家の石川梵が、インドネシアのラマレラ村の漁民たちの鯨漁を撮影した写真とまったく同じだった（『鯨人』二〇一一年）。時代も場所も大きく隔たっているが、この二つはつながっているに違いないと思わざるをえない。足の速い船を使って鯨を追い、鯨めがけて銛を打ち込むというもっとも原始的な突き取り漁法は、南方の海の民たちが見いだした命懸けの鯨漁であったらしい。

そしてじつは、そのような漁法は玄界灘からずっと北上し、対馬暖流に乗ってヤポネシアの北端のオホーツク文化にまでつながるのかもしれないと思わされる。というのは、オホーツク文化

熊野速玉大社の御船祭りで熊野川を溯る諸手船。

期（五〜九世紀）の遺物のなかに、小さな舟の上から鯨に向けて綱の付いた銛を打ち込んでいる精巧な絵の彫られた鳥骨製の針入れが遺されている（以前、北海道博物館に展示された複製品を見学したことがある）。

もう一つ注目しておきたいのは、足の速い船と操船や航海の技術である。それがないと、鯨漁はおろか、荒海を渡ることなど不可能である。先に引いた辻尾榮市『舟船考古学』をみると、土器片などに遺された船を描いた線描画が集められているが、舳と艫が極端に反り上がったゴンドラ状の船が多い。これらについて辻尾は、「絵画手法であり、日本にはこのような形式の舟船はない」（四二頁）として、表現の誇張を指摘する。

専門家の見解に異を唱える根拠などわたしには何もないが、果たしてそのように言い切っていいのだろうか。たとえば、熊野速玉大社（和歌山県新宮市）の例大祭における船競漕「御船《みふね》祭り」に登場する諸手船《もろとぶね》などを見ていると、弥生時代の土器に描かれた反り舟を彷彿とさせる（反っているのは舳先だけだが）。「御船祭り」では競漕をするのは早船と呼ばれ、諸手船は神を載せた神幸《しんこう》船を曳航する役割を担っているが、本来は速く走るために造られた船ではなかったのかと思わせる（前頁写真）。

それで思い出すのは、出雲のソリコと呼ばれる丸木舟だ。この舟について、谷川健一が次のように述べている。今後の対馬暖流の旅を考える上で参考になる指摘だと思うので、少々長いが引いておきたい。

> 丸木舟は楠材のほか、松、杉、椎を用いることが多かったが、島根県の中海に見られたソリコ舟は元来、モミの一本木をえぐって作ったものである。しだいにモミの大木が得られなくなり、あとでは二本以上の木を別々にえぐって継ぐ方式に変った。ソリコ舟の名称は舟の両端が極端に反っているところから生まれたものである。大型のソリコ舟になると帆を張って遠方まで航海することができた。追い風には舟の安定がよく、速力もあり、また堅牢であることがこの舟の大きな利点であった。ソリコ舟を幾艘も横につなげば、それだけ舟の安定性は増す。このソリコ舟にのって、遠く石見出雲方面から若狭を経由して越前へ移動した人々の伝承が今も残されている。
>
> （『日本の地名』五〇〜五二頁）

新羅と結託した磐井の乱

六世紀の初め、九州でクーデターが起きた。それを古事記は、ヲホド（袁本杼命、第二六代継体天皇のこと）の世に、竺紫君石井《つくしのきみいわい》が天皇の命令に従わず、無礼なことが多い。そこで、物部荒甲《もののべのあらかい》と大伴金村《おおとものかなむら》とを遣わして殺した、と記している。伝承を語らなくなった古事記後半でこのような記事があるということは、そうとうに重大な事件であったことを示しているとみてよい。ヲホドは、唯一、表ヤポネシアから出現した天皇だということはのちに話題にすることにして、この石井という人物について、日本書紀の伝えを要約するかたちで掲げる。

二一年（五二七）六月、近江毛野《けの》臣は、兵六万を率て任那《みまな》に行き、新羅に破れた南加羅などの復興を企てていた。すると、不穏な動きをしそうな筑紫国造の磐井《いわい》に気づいた新羅が働きかけ、毛野臣の軍を妨害してくれと頼んできた。それに応じた磐井は、火の国（肥前・肥後）・豊の国（豊前・豊後）を動かして妨害した。具体的には、海路を遮断して高句麗・百済・新羅・任那などの朝貢船を自分たちのほうに誘い込み、任那に派遣された毛野臣の軍の後衛を遮断してしまった。そして、昔は同じ釜の飯を食らう仲だったのに使者になってからの態度は許せないと言って、戦いを仕掛けた。毛野臣の軍は動けなくなり、天皇は、物部大《おお》連麁鹿火《むらじあらかい》を援軍として派遣することにした。

八月、天皇は、麁鹿火に斧鉞《ふえつ》を与え、筑紫より西は汝に統率権を与える。賞罰を与えるのにこちらの意向を聴くことはない、と言って全権をゆだねた。

二二年（五二八）一一月、将軍になった麁鹿火は、磐井と筑紫の御井《みい》郡（後の筑後国の国府が置かれた辺り、福岡県久留米市とその周辺）で交戦した。激戦の末に、やっと磐井を討ち取った。

一二月、磐井の子、筑紫君葛子《くずこ》は、父の罪で誅殺されるのを恐れ、糟屋《かすや》の屯倉《みやけ》を差し出し、死罪を免れるように願い出た。

ヤマト王権が任那復興に注力するなかで、磐井の反乱は起こった。それが火（肥）と豊を巻き込んでいるところからみると、北部九州全体の豪族たちの不満が結集されたと見なせるだろう。そして、筑紫国造であった磐井には、それだけの信望と力量が備わっていたことを示している。

新羅と結託した磐井のとった戦法は、おもに海戦だったと読める。任那に行った毛野臣の補給線を断つという手段を選んだのである。磐井が殺されたあと、息子が差し出したという領地は糟屋郡にあったとあるが、その辺りが筑紫国造の本拠地であったわけで、そこは、先に引いた万葉集で遭難死した荒雄の住んでいたところ（滓屋郡志賀村）であり、安曇氏の本拠地なのである。おそらく、海の民である安曇氏を戦力としてこの作戦は行われているようにみえる。隣の宗像氏も加担している可能性は十分である。

最終的には、御井郡での陸上戦で磐井は殺されるが、ここには、筑紫の海の民たちの最後の抵抗が示されたとみてよい。言い換えれば、この敗戦によって筑紫は完全にヤマト王権に屈伏したのであり、自由で独自な活動を求めた海の民がヤマト王権の配下に組み込まれたことを意味したとみてよい。

それ以降、筑紫の海民は、遣唐使や遣新羅使など中国や朝鮮半島との外交関係の担い手として、安定した地位を得ることになった。そのことを改めて紹介するのは、ここでは回避したい。すでに自明のことだからであり、ヤマト王権を正面から扱うのは本書の役割ではないからである。むろん、本章でもそして次章以降でも、ヤマトを無視すべきでないのは当然だが、ヤポネシア「表通り」をまずは優先して考えたいのである。そして、そのような視座に立った時、邪馬台《やまと》国問題はいささか気になるところである。

邪馬台国はヤマト国

邪馬台国の場所について何か口を挟めるような知識を持ち合わせているわけではないが、近年の流れとしては圧倒的にヤマト説が有力だといえようし、ヤマト国としか訓《よ》めない邪馬台国はヤマト（倭）の地にあったと見なすべきだ。それを、九州の人たちがなぜ、ヤマト国九州説に固執するのか、わたしにはわからない。たとえ邪馬台国が九州にあったとしても、それはヤマト（倭）へ行ってしまった集団ではないか。そのヤマトによって筑紫は制圧され、北九州はヤマト王権の重要な拠点の一つに位置づけられてしまった。

挑発的な言い方になるが、ヤマト中央集権主義のなかで領有された土地としてしか筑紫は存在しないというのでいいのか。それが三世紀のことか四世紀になってからのことかはともかく、筑紫がヤマトに圧倒される以前には、それぞれの土地に独自の世界がいくつも存したのではなかったのか。末盧《まつろ》国（松浦）にも伊都《いと》国（糸島）にも奴《な》国（那津《なのつ》・博多）にも、そしてむろん、吉野ヶ里の地にもあったはずの一つ一つのクニをこそ大事にすべきなのではないかと、よそ者には思えてしまうのである。邪馬台国など筑紫は欲しくはないと表明するところから、生き生きとした古代の筑紫は立ち上がってくるはずで、その新しい何かにわたしは大いに期待したい。

もう一つ蛇足をつける。いわゆる「魏志倭人伝」(『三国志』魏書・東夷伝倭人条)に載せられた邪馬台国への道のうち、瀬戸内ルートをとるか、日本海ルートをとるかというのは議論の一つだが、ヤポネシア「表通り」の立場からすれば、日本海ルートが唯一の道だと思う。そしてその場合、「投馬《とま》国」というのは出雲のことだと考えるのがよい。対馬暖流に乗って東に向かえば、関門海峡に入り込むより、そのまま東に流れてゆくというのが安全で近い道だったはずである(日本海ルートについては、小路田《こじた》泰直『邪馬台国と「鉄の道」』など参照)。それは、このあと論じる若狭や敦賀などとの関係として考察される必要があるのではないかと考える。

第二章　海の道を歩く——出雲・伯伎・稲羽

おもに鳥取県と島根県を山陰地方と呼ぶが、その呼称は律令制度が導入され、核となったヤマト（畿内）を起点とした七つの道の一つが山陰道と名付けられた時から始まる。それ以来千数百年、明るい山陽に対して、中国地方の日本海側には山陰という陰気なイメージが染みついてしまった。その山陰道に属する諸国のうち、鳥取県の東部は因幡《いなば》（稲羽）国、西部は伯耆《ほうき》（伯伎）国、島根県の東部が出雲国、西部が石見国と名付けられた。島根県には、もう一つ、船で渡る隠岐国もある。

これらの諸国のなかで、古代の文献に出てくることが圧倒的に多いのは出雲で、古事記の神話は、オホクニヌシ（大国主神）が制圧されるいわゆる国譲り神話を含めると、その四割を超える部分が出雲を舞台にしている。加えて出雲国風土記がほぼ完全なかたちで遺されていることもあり、出雲は多彩な神々と豊富な伝承が遺される稀有な地域になった。

西谷墳墓群の四隅突出型墳丘墓（西谷２号基）。復元され葺き石で覆われている。

外につながる出雲

古事記に出雲を舞台とする神々が多彩に語られているのは、その背後に大きな勢力を持った集団があり、そのネットワークは表ヤポネシアを広く覆っていたからと考えるのがよい。それをここでは便宜的に出雲文化圏と呼ぶ。そして、その集団というのは、後に国家になっていくような権力的な集団というよりは、交易や流通を通してつながるネットワークの拠点の一つとして存在するのが出雲という場所であったとみたほうがしっくりする。それが、出雲神話から受けるわたしの認識だ。

むろん、相当の力を有した存在がいたであろうことは、出雲国の西部に築かれた西谷《にしだに》墳墓群（出雲市大津町）をみれば確認できる。この墳墓は、方形の四隅が張り出したヒトデ（海星）のような形をしており、四隅突出型墳丘墓と呼ばれている。ヤマト王権を象徴するいわゆる前方後円墳と呼ばれる墳墓形式とはまったく違っており、作られた

弥生時代の出雲平野には神門水海が広がり集落が点在していた。

時代は前方後円墳に先行する時代、二世紀後半から三世紀と見なされていて、弥生時代後期にあたる。歴史学にいう古墳時代の直前の時代と位置づけられ、対角線で七〇メートルもある大きな規模をもちながら古墳とは呼ばない。そこには、考古学・歴史学におけるヤマト中心主義が窺えるのだが、背後に巨大墳墓を支える集団が存在したのは明らかである（前頁写真）。

この墳墓群は少し高台になったところにあって、南を除く三方には出雲平野が広がっている。古代の地形では、斐伊川が西に流れて日本海に注ぎ、河口のあたりは大きなラグーン（潟湖《せきこ》）を形成し、その周辺のあちこちに弥生時代の集落が点在したことが発掘によって明らかにされた（上地図参照）。外の世界との交易がさまざまなかたちで行われていたのである。具体的にいうと、西のほうでは北部九州（土器・銅鐸など）、中国・朝鮮（土器、鉄器、貨泉など）、東の北陸（碧玉製管玉《くだたま》、翡翠《ひすい》など）、南の吉備（現在の岡山県と広島県東部）・瀬戸内といった出雲を取り囲むさまざまな地域との、海を介した船による流通、また陸路による交易のさまが確認できる（島根県立古代出雲歴史博物館編『弥生王墓誕生』、松本岩雄『田和山遺跡が語る出雲の弥生社会』など）。古代出雲は、海の道を通して各地とネットワークを結びながら、その重要な拠点の一つとして発展したのだ。そして、ここで追いたいのは、そのようなつながりの痕跡である。

それは当然のこととして、唯一の中心としては成り立たない関係のなかにあった。一つの中心ではなくいくつもの中心の、その一つということだ。それゆえに、出雲西部地域に起源をもつ四隅突出型墳丘墓は、出雲西部から対馬暖流とともに出雲東部へ、そして鳥取、福井をはじめ、遠くは富山湾沿岸にまで点在することになった（藤田富士夫『古代の日本海文化』、荒井登志夫『出雲と越の墳丘墓と神話』など）。そこでは、人と文化が西から東へと移っていることが確認できるわけだが、一方で、ストーン・サークル状に巨木を建てる文化は東から西へと動き、出雲（杵築）大社を支える三本柱へとつながっていることも指摘されている（藤田富士夫「古代出雲大社本殿成立のプロセスに関する考古学的考察」）。

その関係性は決して一方的なものではなく、相互に交流するネットワークが存在したとみなければならない。そうした認識こそが、日本海沿岸地域を古代ヤポネシア「表通り」として考えるためには欠かせない視点となる。一つに集約しない力がはたらいているのであり、それは海を通したつながりによってもたらされているのではないかというのが、わたしの推測である。

出雲が、北に広がる海を通して外の世界とつながっていることをもっとも象徴する神話は、出雲国風土記の意宇郡条に伝えられた「国引き」詞章である。この詞章は同じ内容が地名を変えて四回も繰り返されており、そのまま引用するには長すぎる上に、すでに最初の部分は第一章に引いたので（二四頁参照）、以下は全体を要約するかたちで紹介する。肝心の音声的な魅力が消えてしまうが、全体は出雲国風土記の本文にあたってほしい。

意宇とその地を名付けたのは次のような次第である。ヤツカミヅオミヅヌ（八束水臣津野命）という巨大な神が、「出雲の国は小さく作られているから、大きくしよう」と言って、

(1)国の余っているところがないかとみると、新羅の岬があったので、それを鋤で切り取り綱を掛け、「国来い、国来い」と引いて縫い付けたのが、去豆《こず》の折絶《おりたえ》から杵築の岬（日御碕）までである。離れないように綱を杭にくくりつけた、その杭が佐比売山（三瓶山）、綱が薗の長浜となった。

(2)北の門にあたる佐伎《さき》の国（隠岐島の島前《どうぜん》）の余りを切り取り引いてきて縫いつけたのが、多《た》久《く》の折絶から狭田の国である。

(3)北の門にあたる波良《はら》の国（隠岐島の島後《どうご》）の余りを切り取り引いてきて縫いつけたのが、宇《う》波《は》の折絶から闇見《くらみ》の国である。

(4)高志の都々《つつ》の岬（能登半島の先端、珠洲《すず》の地）の余りを切り取り引いてきて縫いつけたのが、美保の岬（島根半島の先端）である。引いてきた綱は夜見の島（夜見ヶ浜）、綱をくくりつ

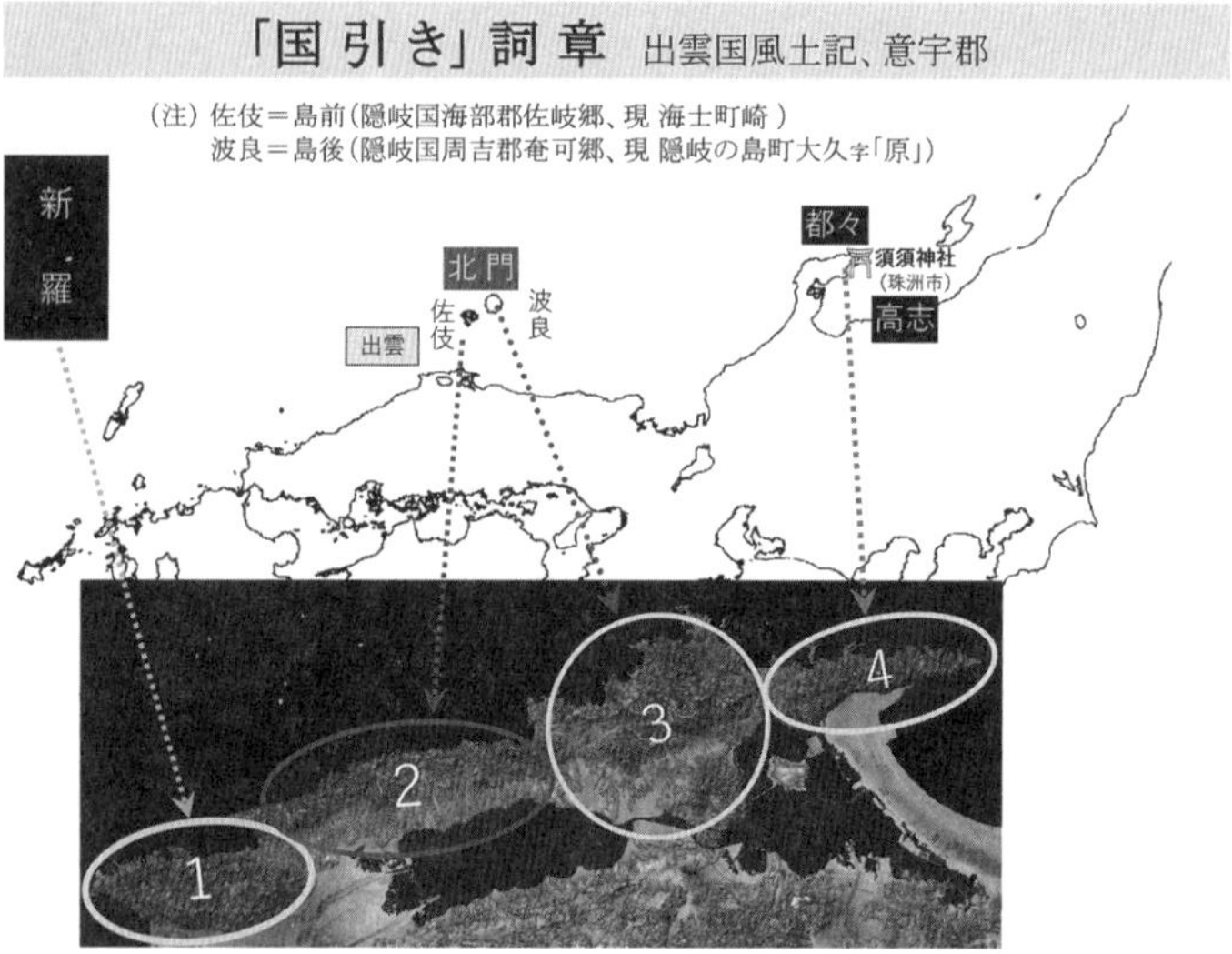

ヤツカミヅオミヅヌが引いてきた土地と島根半島。

けた杭は火の神岳（伯耆大山《だいせん》のこと）になった。

そこでオミヅヌは「国を引き終えた」と言って、意宇の杜《もり》に杖を突き立てて「意《お》恵《ゑ》」と言った。それで、そこを意宇という。

四つの場所から引っ張ってきた土地を西から東へと数珠つなぎにして、現在の島根半島が出来たという、なかなか壮大で発想力の豊かなイメージが語られている（上地図参照）。そのなかでここで注目したいのは、土地の余りを切り取ったという海の向こうの土地である。

最初に朝鮮半島の新羅があることについては第一章で説明したが、それに続いて、出雲の北に位置する隠岐島の余りが切り取られる。この島を「北門《きたど》」と呼んでいるが、それは、国生み神話で「三児《みつご》の島」と呼ばれる通り島前・島後と西之島という大きな三つの島で構成される隠岐島は、島前と島後が出雲から外に出ていく時の出入り口（北の門）と認識されているためである。その二か所の土地が島根半島の中央部となり、最後に、島根半島の東端を、「高志の都々」から引いてきて完成したというのである。都々については異論もあるが、能登半島の先端の珠洲の地と見るのが、ツツとスズ（スス）との音の類似からも地形からも妥当である。しかも、第六章で述べるように、そこは、出雲のオホクニヌシと高志のヌナガハヒメ（沼河比売）とによって、つよくつながれているところでもあるという点を考慮すれば、他の土地に比定するのはむずかしい。

出雲の中心である意宇から眺めて北に広がる海のはるかかなたの、現実の目では見ることのできない土地がこの神話では引き寄せられる（隠岐島は島根半島からだとかろうじて見えるが）。そうした視座をこの神話の語り手がもてるのは、彼らの認識のなかに、海のかなたの国々が身近な存在としてあるからで、石母田正のようにヤマト王権など介在させる必要はまったくないのである（第一章参照）。なぜなら、出雲をはじめ表ヤポネシアの国々こそが、広域ネットワークのなかで新羅ともつながってきたのだから。

そして、そのネットワークを可能にしたのが、対馬暖流とリマン海流と季節風であり、その交易・交流の拠点としての、「神門の水海《みづうみ》」（埋め立てられた出雲平野）から「入り海」（宍道湖から中海）に至る広大なラグーン（潟湖）であった。新羅から出雲へ、スサノヲが訪れたという神話は第一章で紹介した。『延喜式』神名帳をみると、出雲国の意宇郡と出雲郡には「韓国伊大《からくにいた》の祭神や性格については不明とするしかないが、神も閉ざされていたわけではないらしい。それぞれ（太）氏神社《て》」があわせて六か所存在する。また、韓竈神社《からかま》（出雲郡）の名も見える。

海にかかわる神話──スクナビコナとカムムスヒ

ここで、出雲の海にかかわる神話の一、二について取り上げておきたい。万葉集や播磨国風土記にも、オホナムヂとスクナビコナという大きな神と小さな神を主人公とする歌や伝承がいくつも載せられているが、それらを読むと、出雲を本拠とした二神が民間伝承のヒーローとして、時には笑い話の主人公として広い地域で語り継がれていたことを窺わせる。そうした伝承の広がりのなかで、古事記にはスクナビコナが海のかなたに出自を持つことがわかる次のような話が伝えられている。オホクニヌシ（オホナムヂ）が地上の王となって国作りに励みながら、助け手を求めていた時のことだ。

オホクニヌシ（大国主神）が出雲の美保の岬にいました時、波の上を天《あめ》のカガミ船（ガガイモの莢の舟）に乗って、ヒムシ（蛾）の皮を衣にまとって寄り来る神がいた。オホクニヌシがその名を問うたが、何も答えない。伴の神たちに尋ねてみても、みな「知りません」と言うばかり。困っていると、タニグク（ヒキガエル）が進み出て、「クエビコ（壊れ男の意でカカシのこと）が知っているでしょう」と言う。そこでクエビコを召し出して尋ねると、「この方はカムムスヒ（神産巣日命）の御子、スクナビコナ（少名毘古那神）様に違いありません」と答えた。

そこで母神カムムスヒに申し上げると、「まことにわが子です。わが掌の指のあいだから漏れ落ちた子です。どうかあなたと兄弟となり、あなたの治める国を作り固めなさい」ということだった。そこで二神は共に力を合わせてこの国を作り固めた。

ところがある時、スクナビコナはふっと常世の国へ渡ってしまわれた。（古事記、上巻）

スクナビコナが乗ってきた船は、ガガイモというつる草で、豆のような莢に入った実が成り、その莢が弾けて二つに割れると、ちょうど小さな舟そっくりになる。それを今も、地方によっては「舟の木」と呼んでいるようだ（斎藤たま『野にあそぶ』）。ヒムシは原文に「鵝」とあって解釈が定まらないが、飛んで火に入る夏虫の意で蛾とみなしておく。スクナビコナはその蛾の胴体と羽をまるで縫いぐるみのように身にまとって、海のかなたからやってくる。その姿は、お椀の舟に乗って箸を櫂にした一寸法師と同じで小さ子であることが強調されているのだが、島根半島の先端、美保の岬を目指して東のほうからやって来たのだった。しかも、その祖《おや》（母）を探し出すとカムムスヒだったというわけだ。

古事記におけるカムムスヒは、出雲の神々の祖神として、何かことがあると援助の手をさしのべてくれる神として登場するが、そのカムムスヒの住まいは、古事記冒頭の神話では高天の原ということになっている。しかし、全体を通して考えると、海のかなたにいます神と考えなければ辻褄が合わないことは、すでに何度か論じたことがある（三浦『出雲神話論』など。この後に引く神話も参照)。

この神話では、カムムスヒの子スクナビコナは、常世の国に渡ってしまうが、その常世の国もまた海のかなたの理想郷と考えられている世界である。つまり、スクナビコナは、海のかなたから訪れ、また母のいる海のかなたへと戻って行ったと考えると、その関係はわかりやすい。ただし、カムムスヒが住まうと考えられる海のかなたの世界は、もともとはユートピア化された常世の国ではなく、根源的な母なる世界と考えられているような場所であった。そのように考えると、出雲にとって、海のかなたには高志や新羅や隠岐などの現実世界があるとともに、原郷的な神々の世界があり、そこに住まう神に護られて存在するという認識があったらしい。

古事記に何度も登場するカムムスヒは、出雲国風土記においても「神魂命《かむむすひのみこと》」という名で頻繁に顔を出す。と言っても、出てくるのはカムムスヒではなく、カムムスヒの子どもたちである。それも、むすこよりもむすめのほうが多く、母─娘という母系的な結合を窺わせる要素が濃厚である。しかもその多くは、島根半島の沿岸部とみなせる土地で伝えられており、やはり、海とのつながりが深い。そのなかの有名な一話を紹介してみよう。


加賀《かか》の神埼に窟《いわや》(洞窟)があった。ここは佐太《さだ》の大神の産まれたところである。カムムスヒ(神魂命)の子、キサカヒメ(枳佐加比売)がここに住んでいたが、ある時、神と交わって子をはらんだものの、父親がだれかは分からなかった。そこで、子を産む際に、「わが子が、麻須羅神《ますらがみ》(固有名詞というより立派な男神の意)の子であれば、鉄の弓矢よ流れてこい」と言うと、鉄の弓矢が流れてきた。そこで、その真っ暗な岩屋を矢で射抜いて光を通した。
（出雲国風土記、島根郡）

この神話の舞台である加賀の神埼にある窟というのは、島根半島の北側の海岸にあって、「加《か》賀《か》の潜戸《くけど》」（松江市島根町加賀）と呼ばれる海蝕洞穴のことである（次頁写真）。岬の先端部に東西二〇〇メートルほどの長いトンネル状の洞窟があり（真ん中には北に抜ける穴もあってT字状になっている）、そこを小さな観光船で通り抜けることができる。わたしが真っ先に推薦する島根県の観光名所はこの潜戸だが、すでに、ラフカディオ・ハーンがその見事さに驚嘆し、飛び切りの推薦文を書いている（ハーン・ラフカディオ『新編日本の面影』一六一～一八五頁）。

その光り輝いた洞窟で誕生した男児が佐太大神で、この神は、潜戸から南西に一〇キロほど離れた佐太神社（松江市鹿島町）の祭神として祀られている。その佐太大神を生んだキサカヒメという女神は、このあと紹介する古事記の神話で、火傷を負って死んだオホナムヂを生き返らせるためにカムムスヒが派遣した女神のひとりで、赤貝のことをさしている。そのキサカヒメとカムムスヒが、ここでは娘と母として語られているところからみて、古事記の冒頭の神話のように、カムムスヒを高天の原に置くというのはきわめて不自然な語り方である。間違いなく、出雲国風土記の伝えが本来的なふたりの関係を伝えているとみなすべきで、もうひとりのウムカヒメ（ハマグリの女神）についても、出雲国風土記では別の伝承のなかでカムムスヒの娘ウムカヒメ（宇武賀比売）として姿をみせる（島根郡法吉郷）。

キサカヒメが佐太大神を生んだという加賀の潜戸。

佐太大神を祀る佐太神社。

神魂神社はカムムスヒを祀っていたか（現在の祭神はイザナミ）。

こうした神話を読むと、古事記の出雲神話でも出雲国風土記の神話でも、海のかなたから大事なものが訪れるという展開をとっていることがわかる。そして、そうした海彼《かいひ》に対する信仰の中心に位置するのが、ここで紹介したカムムスヒという女神ではないかとわたしは見当をつけている。そして、そこには母系的な印象が強く漂っているとみてよい。

そのカムムスヒが祀られている神社が現在の島根県のなかに存在しないのは、いささか不審である。もともと海のかなたにいます神であり、地上で祀られる必要はなかったのかもしれないが、もとは神魂《かもす》神社（島根県松江市大庭町）に祀られていたのではないかとわたしは推測している。この神社は、出雲大社の祭祀をつかさどる出雲国造（出雲臣一族）の本貫の地と伝えられているところだが、この社名は出雲国風土記にも『延喜式』にも出てこないので、それほど古くはないと考える人もいる。現在はイザナミ（伊弉冉尊）が祀られているが、それは中世以降のことと考えられること、その神社名カモス（神魂）とカムムスヒ（神魂／神産巣日）との音の近似などからみて、イザナミ以前にはカムムスヒが祀られていたとわたしは推測するのである。

ヤマトにつながれた出雲

自明のことをいえば、出雲はヤマトに制圧され、山陰道のなかの一国としてつなぎとめられた。それは二世紀あるいは三世紀に溯るのか、または六、七世紀に想定したほうがいいのか。一挙にというよりは、幾度かにわたって行われたということも考えられよう。古事記の神話に描かれた制圧神話や、第一章で取り上げた日本書紀のミマキイリヒコ（崇神天皇）の時代の伝承も（三五頁)、その何割かは虚構を抱えつつ、何割かは真実を包み込んでいる、そのようにして出雲とヤマトとの関係はあるに違いない。そして、律令制の開始とともに、出雲国が建てられ中央官僚が出雲国司として派遣されてくる。ところが一方で出雲国には、律令以前の地方統治の政策としてあった国造制が平安時代に至るまで残存し、国守と国造とが並び立つという、他の諸国にはみられない関係が保たれる。

なぜそのような変則的なことが、出雲において持続されたのか。それはどのように考えても、古事記の出雲神話に語られる両者の関係を抜きにして説明することはできないはずである。つまり、ヤマト王権にとって、時に祟《たた》りをなす恐ろしい神、出雲大神(オホクニヌシ)を擁する出雲をないがしろにすることはできなかったのだ。律令国家の正史である日本書紀ではすっかり排除し、歴史的な出来事のなかに組み込んだはずの出雲との関係でありながら、祭祀に関しては切り捨てられなかったのだと思う。

いずれにせよ、在地の豪族がヤマトに服属して国造の称号と統治権を与えられた出雲氏は、世襲的に代替わりするごとに、決められた貢ぎ物を持って天皇の前に出て「出雲国造神賀詞《いづものくにのみやつこのかむよごと》」を奏上し、天皇に許されて国造に就任する。しかも、前後に一年間の精進潔斎を挟んで二度もの神賀詞奏上を行うという、ある意味屈辱的ともいえる服属儀礼を行う必要があったのである。そのあたりの事情については、すでにわたしなりに整理し考察しているので(三浦『出雲神話論』)、ここでは中央から派遣される国司について簡単にふれておく。

出雲国は、大・上・中・下の四等に分けられた国々のうちの上国に属し、一〇郡から成っている。郡の役人（郡司）はそれぞれの土着豪族が任じられることになっており、守《かみ》、介《すけ》、掾《じょう》、目《さかん》各一名が国司として派遣され、その下に、事務を司る史生《ししょう》三名が従事する。上国の守は従五位下相当の官職である。

出雲国庁は、現在の松江市大草町に置かれていた。中海（入り海）からは西南の方向、海岸からは少し内陸に入った辺りに位置している。おそらく七世紀末頃に出雲国府ができ、中央政府の役人が地方官として赴任する国司制度のかたちが整ったと考えられる。しかし、この国の場合、本来なら国司が担当するはずの出雲国風土記の編纂を、国造であった出雲臣広嶋が責任者となり、それぞれの郡の記事を郡司が執筆するというかたちで行っているところをみると、国造と国司との「祭・政」の分掌が円滑になされていたかどうか、いささか疑わしいところがないわけではない。当然のことながら、地方豪族層である郡司たちは国造に親近感を抱いていたはずである。

国司たちの日常を知ることのできる資料は少ないが、都から離れて出雲に赴任した国守の歌が、万葉集に遺されている。出雲の海辺の風景に触発されたらしい。

出雲守門部王《かどべ》、京《みやこ》を思《しの》へる歌一首
飫宇《おう》の海の　河原の千鳥　汝《な》が鳴けば　わが佐保川の　思ほゆらくに
（万葉集、巻三、三七一番）

出雲守となった門部王という人物（「後に大原真人の氏を賜へり」という注をもつ）が平城京

をしのんで歌ったもので、飫宇（意宇）は地名、海というのは出雲国風土記にいう「入り海」のことで、中海あるいは宍道湖をいう。ここは、国庁の前に広がる中海をいうか。佐保川は奈良の地名で懐かしい故郷の風景である。あとは説明の必要がない望郷歌だが、都から赴任した貴族にとって、表ヤポネシアの典型的な風景を眺めても、心はやすまらず都でなじんだ川が浮かんでしまうというのであろうか。それにしても、海を見ながら小さな川を思い出すとはなんとも釣り合わないことで、われわれが感じる海辺の美しい風景は、彼には見えていなかったのかもしれない。

門部王という名をもつ人物が同時代に二人あって歴史書の中では区別できないが、この門部王は後に臣籍降下して大原真人という姓《かばね》を賜った人物とある。あるいは、天武天皇の子、長皇子（長親王）の孫とみてよいか。とすると、叙位の記録からみて、平城遷都直後の若い時期に、出雲守として赴任したと考えてよかろう。

出雲に関する資料はほかにもいろいろとあるが、紹介しだすときりがない。この辺りでひとまず切り上げて東への道を急ぐことにしよう。いずれ出雲はこの後も何度か出てくることになると思うので。

稲羽の素兎をめぐって

出雲国に接するのは、律令制下の呼称では伯耆《ほうき》国、その東に位置するのが因幡《いなば》国である。現在の鳥取県にあたり、山陰道の中間点に位置するが、まずは東の因幡から眺めていく（次頁地図）。イナバというとだれもが「稲羽の白うさぎ」を思い出す。そこでまず、この神話から話題を展

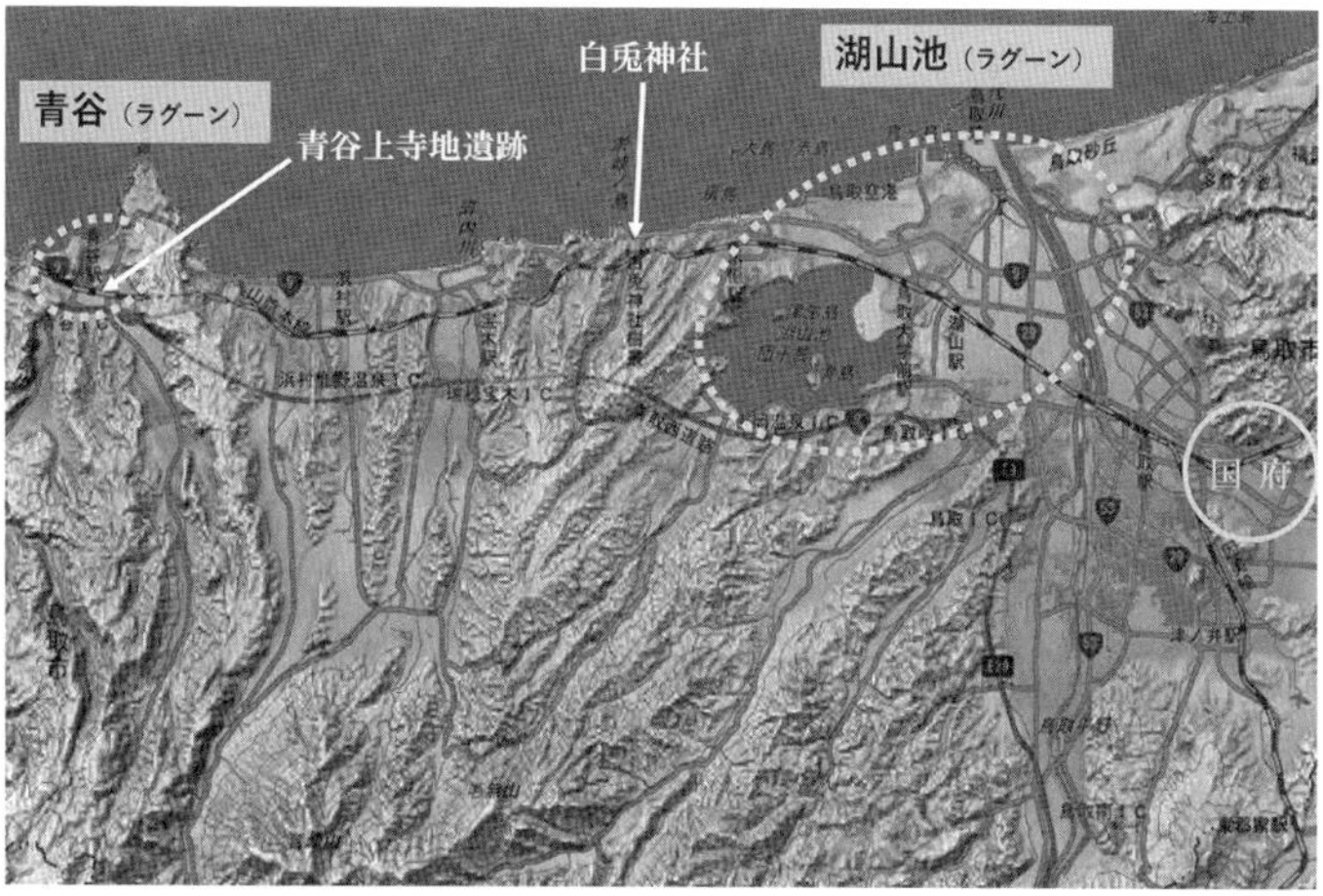

稲羽（因幡）の国と現在の姿。

開する。戦前の国定教科書や現行の絵本の多くが「因幡の白うさぎ」と表記しているが、この話は古事記にしか伝えられておらず、古事記では、律令の表記「因幡」を採用せず「稲羽」とするので、正しくは「稲羽の白うさぎ」となる。ただし、古事記だけというのは注釈が必要で、鎌倉時代に編纂された類書（一種の百科事典）である『塵袋』巻一〇に引用された「因幡記」という現存しない書物にも引用されており、古事記の話とは少し違っている。また、古事記では「白」ウサギではなく、「稲羽素菟」とあって「素菟」をどう読むかが問題となる。検討の余地はあるのだが、「素」には白いという意味もあるのでひとまずここではシロウサギと訓んで白いウサギと解釈している。西日本の野ウサギは白い冬毛にはならないが、神話や伝説では神の化身としての動物は白い姿で登場することが多いので、稲羽に白いウサギは生息していないからこの神話のウサギは白ではないというような論理は、神話の読みとしては通用しない。最後の場面で明かされるように登場するのは「ウサギ神（菟神）」であり、白い色をしていたほうがふさわしいとも言える。

古事記に語られる白うさぎ神話は、オホナムヂ（大穴牟遅神）と呼ばれる少年神が、さまざまな試練を克服しながら成長してオホクニヌシ（大国主神）と呼ばれる地上の王者になるという成長物語の冒頭に出てくる。たくさんいる兄弟たちが、稲羽のヤガミヒメ（八上比売）を妻に娶りたいと思っていた。ヤガミヒメとは八上地方（因幡国八上郡、現・八頭郡から鳥取市にかけての鳥取県南東部地域）を領有する在地豪族の娘の名で、そのヤガミヒメを娶《めと》るというのは、八上と呼ばれる土地を手に入れることを意味すると考えるのが一般的である。そして、少年オホナムヂは求婚者のひとりとしてではなく、兄たちの荷物持ちとしてお伴をしていたのである。

八十の神々は、先を競って東（ヤガミヒメのいる方向）に向かっていたが、気多《けた》の岬を通りかかった時に、皮を剝がれた赤裸のウサギが倒れていた。それを見た八十の神々は、そのウサギをからかって、「海の塩水を浴び、風通しのよい高い山の尾根の上に臥せっているとよいぞ」と言った。
ウサギが言われたままにして臥せっていると、みるみるうちに塩が乾いて、その身のうす皮は風に吹かれて乾き裂けてしまった。そこで、ウサギが痛み苦しんで泣き臥していると、遅れてやってきた袋（荷物）担ぎのオホナムヂが見つけて、「どうしてお前は泣き臥せっているの」と聞いた。ウサギは答えて身の上を語りだした。

「私はオキの島に住んでいまして、こちらの地に渡りたいと思っていたのですが、渡るすべがありませんでした。そこで海に棲むワニを騙そうと思い、『我々と君たちと、数競《くら》べをして、どちらの族が多いか少ないか数えてみないかい。君はその族のありったけを連れてきて、この島から気多の岬に向かって、みな並び伏して連なってくれないか。そうすれば私がその上を踏みしめて、走りながら数えあげて渡るから。そうしたらどちらが多いか少ないかわかるだろう』と言ったのです。すると、ワニはまんまと騙されまして、言った通りに並びました。私は、ひとつ、ふたつと数えあげながら渡って来て、いま一足で地に下りようとしたその時、嬉しくなってつい口が滑ってしまいました。『君たちは私に騙されたんだよ』と。すると、言い終わるか終わらないかのうちに、もっとも端にいたワニが私を捕まえて、ひと噛みで私の白い皮を裂き、剝いでしまったのです。それで泣いていると、先に行かれた八十の神々に、『海の塩水を浴びて、風をあてて臥せっていればよい』と教えられたので、その通りにしたら、私の体はこんなひどい有様になってしまいました」

それを聞いたオホナムヂは、そのウサギに教えました。「今すぐに川の真水で体をよく洗い、すぐに水辺に生えている蒲《がま》の花（蒲黄《ほおう》）を敷き散らして、その上に体を転がして横たわっていれば、元の膚《はだ》のごとく治るだろう」と。それでウサギが教えの通りにすると、体は元通りになった。

これがあの稲羽の白うさぎで、今はウサギ神と呼んでいる。そして、そのウサギ神はオホナムヂに、「あの八十の神々は、絶対にヤガミヒメを手に入れることはできないでしょう。袋を担いでいらっしゃるが、あなた様こそ、ヤガミヒメを妻になさることができるでしょう」と告げた。
一方ヤガミヒメは、八十の神々に、「私は、あなたがたのお申し出をお受けすることはできません」と言った。

（古事記、上巻）

こうしてオホナムヂは、ヤガミヒメと結婚することになるが（実際に結婚するのは冒険物語が終わったあとになる）、この話は、昔話などでよくあるように、意地悪な兄が失敗し、やさしい弟が成功するという物語のパターンに則っているとみることができる。なお、土地の娘を手に入れることは、その土地を領有することを意味するというのは一般的な説明方法であるが、この場合もそう解してよいかどうか。いずれ話題にしたいと考えている（終章参照）。

この神話ではオホナムヂはやさしい弟という役割を与えられるかたちで安定した話になっているのだが、昔話と違うのは、神話では、たんにやさしいという心だけが問題にされているわけではないという点である。オホナムヂが傷ついたウサギを治療する真の目的は、「治療」という行為の中に秘められているのである。

オホナムヂが泣いているウサギにわけを聞き、蒲の花（蒲黄）を用いた治療法を教える。蒲黄とは、雌雄同株のガマのソーセージのような雌花の上に付くオシベの花粉のことだが、止血剤あるいは血行促進剤として昔から使われていた。そうした治療法を知っているオホナムヂという少年は、たんにやさしいというのではなく、医術の知恵を持っていることをこの神話は語ろうとしているのだ。未開社会における王というのはシャーマン性を持たねばならないが、その王＝シャーマンには、巫医《ふい》としての能力が求められるわけで、少年オホナムヂには、まさに王にふさわしい資格が備わっていることが証明されたということになる。

また、入れ子状にして語られるウサギとワニのくだりは、原文ではウサギの一人称のかたちで語られているのが興味ぶかい。まるでアイヌのカムイ・ユカㇻ（神謡）のような語り方で、音声表現の特徴を残存させているとみてよい。ここに出てくる「ワニ」はサメ（フカ）のことをいう古代日本語である。神話のなかではしばしば、ワニは海の神の化身や使いとして語られ、表ヤポネシアの各地には、サメの姿を描いた土器（弥生時代）やサメの歯を加工した装飾品（縄文時代）が出土する。ウサギは陸の象徴、ワニは海の象徴として存在する。

そして一方、ウサギとワニの話型としてみると、陸のもの（ウサギ）と海のもの（ワニ）との対立葛藤譚、知恵比べというパターンのなかで説明できる。この話型は、インドネシアから太平洋西岸に沿ってずっと北東アジアまで、各地に広く伝わっていることが指摘されており、登場する動物に関しては、地域ごとに差異がある。マレー半島からインドネシアでは「バンビとワニ」の話として伝わっており、出てくるのは鹿と川ワニで、舞台は川。最後は鹿がまんまと対岸に渡りワニの頭を蹴飛ばして去って行くというかたちで、騙したワニに鹿が報復されることはない。朝鮮半島や中国にも似たような話があり、土地によって動物の入れ替えがある。中国の揚子江近くではスッポンとウサギ、北東アジアではアザラシとキツネになっていたりする（松村武雄『日本神話の研究』、小島瓔禮《よしゆき》「オホクニヌシと因幡の白兎」など）。

いずれも海のものと陸のものとの知恵比べとして描かれており、多くの場合、海（水）の生き物を、陸の生き物が知恵で打ち負かすというかたちになる。それが古事記では、動物競争譚（葛藤譚）という対立構造を包み込むかたちでオホナムヂと八十神の対立譚が語られ、主人公であるオホナムヂが、動物葛藤譚の勝者である陸の動物を救うというかたちで、より優位な存在に位置づけられ、物語の主人公の位置を手に入れる。そこでは当然、陸のウサギはオホナムヂに助けられるために、ワニにやっつけられる必要が生じるのである。

近代になると、この「因幡の白うさぎ」は児童向けの教訓譚として取り上げられたために、古事記のなかでもたいそう有名な神話になる。古いところでは児童文学者の巌谷《いわや》小波《さざなみ》が編纂した『日本昔噺』（一八九五年一〇月・第一四編「兎と鰐」）に採り上げられ、それが元になって国定教科書の定番教材として使われることになった。戦後は長く、神話は教科書から排除されていたが、二〇〇八年の学習指導要領の改定によって小学校低学年で神話教材が復活することになり、「いなばの白うさぎ」を採用する検定教科書が多い。そこでは、神話的な巫医性など忘れられ、主人公のやさしさが主題となるのは言うまでもない。

流罪とスキャンダル

因幡国の国庁は、ＪＲ鳥取駅から東南に数キロの辺り（鳥取市国府町）、北の海岸線からはかなり内陸に入っている。というのは、海に近いところはラグーン（潟湖）になっていたからで、その名残が湖山《こやま》池で、元は海とつながっていた。古代の日本海にはこうしたラグーンや入り江が点々と存在し、小さな舟でも航海しやすく海の道が太平洋などに比べると発達することになったのである。

因幡国府には有名な万葉歌人、大伴家持が天平宝字二年（七五八）に国守として赴任し、翌年の元旦、国庁での新年の儀礼における宴席で、国や郡の役人たちを前にして歌を詠んでいる。

新《あらた》しき　年の始めの　初春《はつはる》の　今日降る雪の　いや重《し》け吉事《よごと》

（万葉集、巻二〇、四五一六番）

類型的な正月の賀歌で、雪が降り積もるようにいいことが重なって欲しいという歌で、歌としては特別なものではないが、万葉集ではたいへん有名な歌でもある。この時家持は四〇歳くらいと推定され、その一〇年ほど前にはやはり国守として越中国（現在の富山県）に赴任していたので雪には慣れていたはずだ。しかし、没落に向かうとはいえ名門貴族の頭領である家持にとっては、なかなかに厳しい冬であったということはできるだろう。

この歌がなぜ万葉集のなかで有名かというと、作歌年が判明している歌のなかではもっとも新しい歌だからである。しかも、万葉集にもっとも多くの歌を遺す家持だが、これより後に作った歌は他の歌集を含めてまったく遺されておらず、この歌が現存する家持の作歌のなかでは最後の作品である。しかも、万葉集全二〇巻四五一六首の最末尾に載せられているのである。それがこのような儀礼的な賀歌であるというのは、なにか象徴的な意味をもっているようで気にかかる。

因幡国は、律（今でいう刑法）に規定する流刑の地の一つであった。流罪《るざい》には近流《ごんる》・中流・遠《おん》流《る》の三段階があり、因幡はそのなかのどれに属するかはわからないが、日本書紀には次のような記事がある。

三位《さんみ》麻続《をみのおほきみ》王罪有り。因播に流す。（天武四年［六七五］四月一八日条）

同時に、息子の一人を伊豆島（伊豆半島）に、もう一人を血鹿《ちか》島（長崎県の値嘉島）に流したとあり、罪を犯した父よりも遠くに流されたようだ。

麻続王については系譜も経歴も定かではない。位階を与えられた「諸王」なのでそれほど有力な血統の人物ではなかったと思われるが、三位という高位に置かれた王族の一人ではあった。ただし、この王の配流については、万葉集には伊勢（巻一、二三〜二四番）、常陸国風土記には行方郡の板来《いたく》村に流されたと伝えられており、伝説的な要素が加わっているようにみえる。しかも、「罪」というのが何であったかはどこにも伝えられていないのだが、一般的な事例からいうと、政治的な事件に関与したか、天皇の女に手を出すなどのスキャンダラスな出来ごとがあったかだろう。ただ、子どもも流罪に処され、親よりも遠くに流されたというのが事実だとすれば、恋愛スキャンダルというよりは、血統の継承を許されないような政治的重罪とみなすのがよさそうである。

そしてもう一件、因幡にかかわって、流罪ではないが興味深い恋愛スキャンダルが万葉集に遺されている。こちらは、天智天皇の曾孫にあたる安貴王《あき》という王族で、万葉集の歌人としても名高い志貴《しき》皇子の孫にあたるというから、なかなかの血筋の人物である。時は定かではないが、平城京が都になってしばらく経た頃であろう。

万葉集によれば、安貴王は、因幡国から采女《うねめ》として遣わされ天皇のもとに仕えていた八上采女《やかみのうねめ》と懇ろになり、おたがいに「係念極《おもひ》めて甚しく」深い愛情で結ばれた。ところが、それが発覚して「不敬の罪」で処罰され、女は「本郷《もとつくに》に退却」させられてしまったというのである（巻四、五三五番、左注）。そのために、因幡国に帰されて会えない八上采女を慕った安貴王が、悲しみ歎いて詠んだのが、引用は省略するが「安貴王の歌一首」と題された長歌と反歌であった（五三四、五三五番）。

この場合は女性だけが罰せられ、表向きには安貴王への処罰はなかったらしい。王族だというので特別な扱いを受けたのだろう。そして興味深いのは、この女性が因幡国の八上の地から出仕した采女だったということだ。八上というのは、先の稲羽の白うさぎに登場したヤガミヒメが住んでいたとされる土地であり、八上采女というのはまさにオホクニヌシと結ばれたヤガミヒメの遠い子孫に違いないのである。

采女というのは、豪族の娘や妹が天皇のもとに出仕し、天皇の身の回りの世話などにあたる見目麗しい女性だが、それゆえに当然、天皇以外の男との関係は禁じられ、発覚すると男女ともに処罰を受ける。それゆえに、しばしば恋愛事件がスキャンダルとして伝えられることにもなるのである。今ならさしずめ、週刊誌にねらわれる有名人というところだ。

日本海側の弥生遺跡

鳥取県には弥生時代を象徴する二つの遺跡がある。遺跡の発掘というのはおもに開発に伴って行われるので、以前は日本海側ではあまり発見されることがなかった。ところが、山陰道に伴う工事などによって相次いで重要な遺跡が見つかり、改めて、弥生時代における表ヤポネシアの実態が見直されることになったのである。

その一つが、因幡国の西端（六七頁の地図参照）に位置する鳥取市青谷町で発見された青谷《あおや》上寺《かみじ》地《ち》遺跡である。この遺跡は、弥生時代の日本海沿岸地域のあり方を考える上できわめて重要な遺跡として注目されている。一九九八年に発見された遺跡で、現在も継続的な調査が行われており、ほぼ完全な脳をもったままの頭蓋骨三つをはじめ、多数の弥生時代の人骨が出土した。そのなかでも人びとを驚かせたのは、鉄鏃《てつぞく》が刺さったままの骨や、鉄器で傷つけられた頭骨などが見つかり、戦闘が行われた痕跡が具体的に明らかになったことである。同時に、きわめて精巧な木工品やさまざまな細工物が大量に出土し、そこが、弥生時代における上質な商品の生産拠点であることがわかり、朝鮮半島との交易や、日本海沿岸地域との交流のありようが指摘されることになった。ヤマト中心主義を脱却する上で重要な発見である。

二〇一八年に、青谷上寺地遺跡の一部の人骨についてDNA分析が行われた。その報告によると、母系に遺伝するとされるミトコンドリアDNAは三二個体中一例のみが縄文系で、「母系のDNA系統は、ほとんどが弥生時代以降に日本列島にもたらされた」と考えられるのに対して、

「父系に伝わるY染色体DNAの大部分が在来の縄文人に由来する」という。そこから報告では、「弥生後期の山陰地方では、在来集団と渡来系集団の混血」がかなり進んでいた可能性があることを指摘している（篠田謙一ほか「鳥取県鳥取市青谷上寺地遺跡出土弥生後期人骨のDNA分析」）。

この報告を読むと、母系と父系との関係が明らかではないが、海に面した青谷上寺地に住んだのは、直接朝鮮半島から渡来した人びとが多かったようで、そこが一つの交易の拠点であった可能性を強く示している。今後、朝鮮半島との往来や、集落の性格に関しては大きな成果が明らかにされるはずだ。それにしても、朝鮮半島からやってきて、この地に拠点集落を作り、そこでさまざまな品物を作って交易を行うというような広域経済圏とでもいえそうな実態が弥生時代後期に存在したというのには驚かされる。

この遺跡は、弥生時代の日本海沿岸がどのような世界であったかということを知るために、また表ヤポネシアの役割を考えるために、きわめて重要な遺跡の一つである。海は人の行き来を遮断するのではなく、世界をつなぐ道だということを明らかにしているという点で、たいそう興味深い。もちろん、海が大帝国や先進国からの直接的な脅威の防壁になったというのは事実だが、離れた土地を結ぶ道としての役割の大きさには比肩しようがない。

また、鉄器が強力な道具（農具や工具）であり最新のテクノロジーをもたらすものであるとともに、集団による戦闘を生み出したのだということを、青谷上寺地遺跡から出土した鉄器で割られた頭蓋骨や砕かれた大腿骨が明らかにしたという点でも注目しなければならない。よくも悪くも、新しい時代の到来を象徴している。

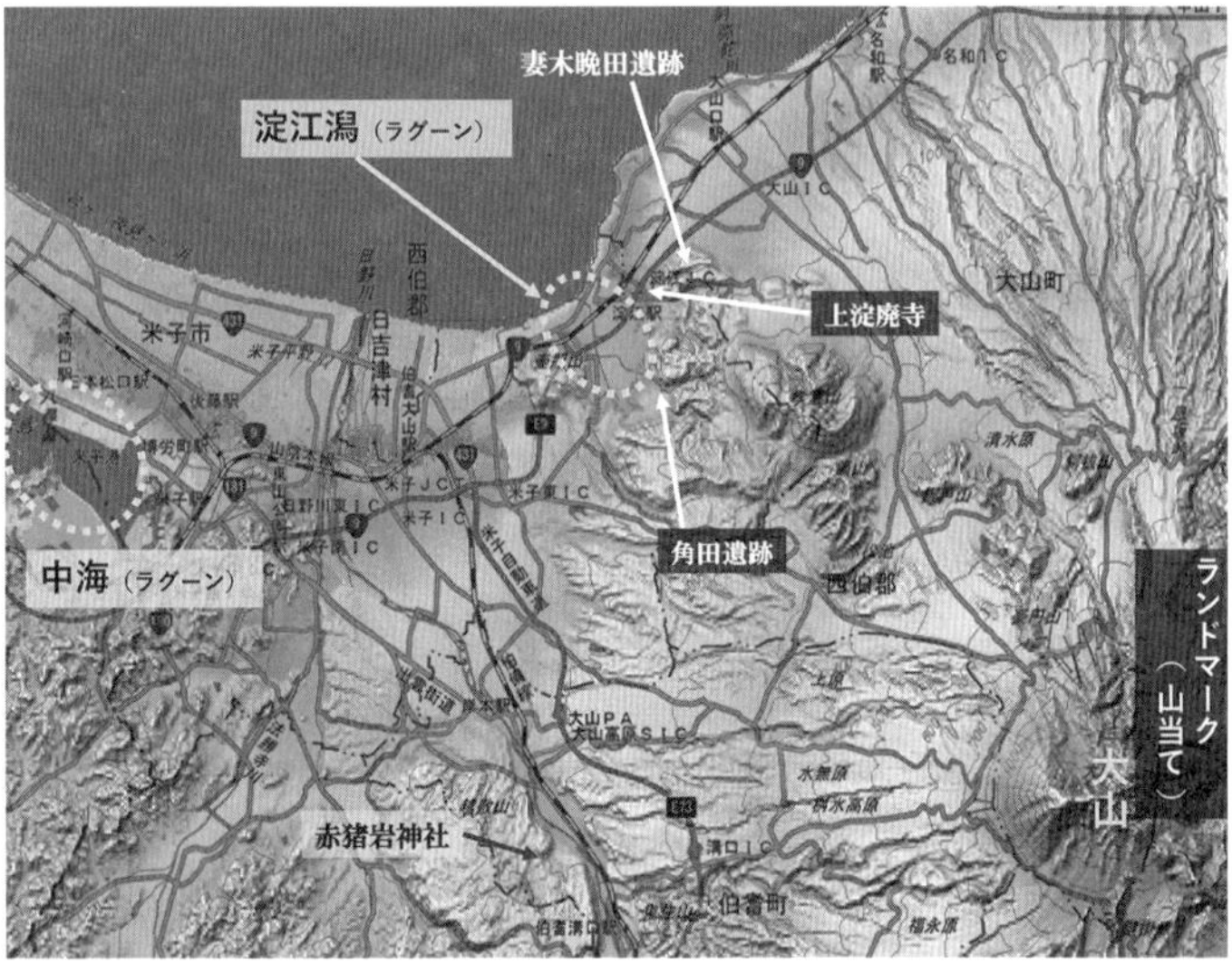

妻木晩田・角田遺跡と淀江潟（ラグーン）。

同様の弥生時代の遺跡として、因幡国の西に位置する伯耆国、鳥取県西伯郡大山町から米子市淀江町にわたって広がる妻《む》木《き》晩田《ばんだ》遺跡がある。ここからも弥生時代における大量の鉄器が発掘されており、その大規模な集落跡とともに、日本海側の特徴がよく表れている。ここは海岸から少し離れた高台になっているが、弥生時代にはラグーンが現在の海岸線よりもずっと深く入り込んでいたと考えられており、やはり対外的な交易や流通とかかわって発展した集落であったと考えてよい（上地図）。また、この遺跡には、規模は大きくはないが、出雲系とされる四隅突出型墳丘墓が何基も存在しており、出雲文化圏に属していたことが明らかである。

　律令では伯耆国と表記するが、古事記では伯伎とか伯岐という漢字を用いており、ハハキと訓まれている。その伯伎を象徴する山が、

大山の中腹に綱を巻いたようにかかった白い雲と夜見ヶ浜。

大山（伯耆大山）で、山の北麓に広がる大地が伯耆国である。その大山は、出雲国風土記の「国引き」詞章に、島根半島の先端の美保の岬を高志の都々の岬から切り取って引いてきた時の、綱を縛りつけたカシ（杭）にしたと語られていた（五五頁参照）。こうした神話をみても、出雲と伯伎は一帯の文化圏のなかにあったことを窺わせるのである。

いささか余談になるが、以前、鳥取県の夜見ヶ浜を歩いていた時、中海の向こうに聳える大山に雲がかかり、まるで国引きの神オミヅヌが綱をかけたような風景に出くわして驚いたことがあった。夕方でぼんやりしているが、その時に写した自慢の写真があるので見ていただこう（上写真）。あるいは、古代の人もこのような風景を目にして、国引きのさまを連想したのかもしれないと思ったことである。

貝の女神によって生き返ったオホナムヂ

その大山には大神山神社があり、御神体としてオホナムヂが祀られている。おそらく、その由緒は古いものと考えられるが、大山の麓にあたる手間山というところを舞台として、オホナムヂが試練を受ける神話が語られている。

［稲羽でウサギを治療し、ヤガミヒメに見そめられたオホナムヂだが、それを妬み怒った兄たちは、稲羽からの帰り道、伯伎国の手間《てま》山というところで、オホナムヂを殺そうとする］

「赤いイノシシがこの山にいる。俺たちが皆で山の上から追うから、お前は下で待っていて捕まえろ。もし待ち獲ることができなかったら、お前を殺すぞ」と言うと、兄たちは、イノシシの姿に似せた大きな岩を火で真っ赤に焼いて、それを山の上から転がし落とした。オホナムヂが、言われた通りに赤いイノシシを待ち獲ると、そのまま焼けた岩に押しつぶされて死んでしまった。

オホナムヂの母神は殺されたわが子を見て哭《な》き悲しみ、すぐさま天に昇ってカムムスヒ（神産巣日命）に願うと、すぐにキサカヒヒメ（𧏛貝比売）とウムカヒヒメ（蛤貝比売）とを遣わして、オホナムヂを生き返らせた。そのさまは、キサカヒヒメが、焼けた岩にへばりついて死んでいたオホナムヂの骸《むくろ》を、貝の殻で少しずつ剝がし、ウムカヒヒメがそれを待ち受けて、母の乳汁《ちしる》として塗り付けたところ、オホナムヂは麗しい男として生き返り、元通りに遊び歩いた。

（古事記、上巻。要約）

先に紹介した出雲国風土記の加賀の潜戸の神話の中に出てきた女神キサカヒヒメ（キサカヒメ）が登場する。キサカヒヒメは赤貝の女神、ウムカヒヒメ（ウムカヒメ）はハマグリの女神であり、どちらも海の女神であるはずだ。その女神たちが、古事記では高天の原にいるとされるカムムスヒによって天から派遣されるというのはいささか不審と言わざるをえない。出雲国風土記ではカムムスヒの娘とされるキサカヒメは加賀の潜戸という海の洞窟にいます神と語られていた。カムムスヒは本来、海のかなたの原郷的世界にいるとされる神であり、出雲の神々に力を与える祖神でもあった。それが古事記の冒頭部分では、高天の原にいるということにされてしまったのである。

生成や生産の力をもつ神カムムスヒの娘である貝の女神ふたりの力を借りて、オホナムヂは生き返る。英雄神は死んでも生き返ることができるのだが、そこには、援助者の力が必要になる。少年のオホナムヂを守護し救うのは、まずは「母」だ。それゆえに、ここで貝の女神によって作られた火傷の薬は、「母の乳汁」と呼ばれている。その薬は、溝が彫られた貝殻（キサカヒ）をギザギザとこすって作った粉（カルシウム）と、ウムカヒ（ハマグリ）の汁とを混ぜ合わせて作った白い練り薬で、実際に火傷の薬として使われていたかどうかは定かではなく、薬効があるかどうかもわからない。しかし、その白い練り薬が「母の乳汁」と呼ばれることで、まさに母の呪力を発揮するのである。そこには実際に「乳」が混ぜられてもいい。母と母なる者との力によって、オホナムヂは再生するのである。

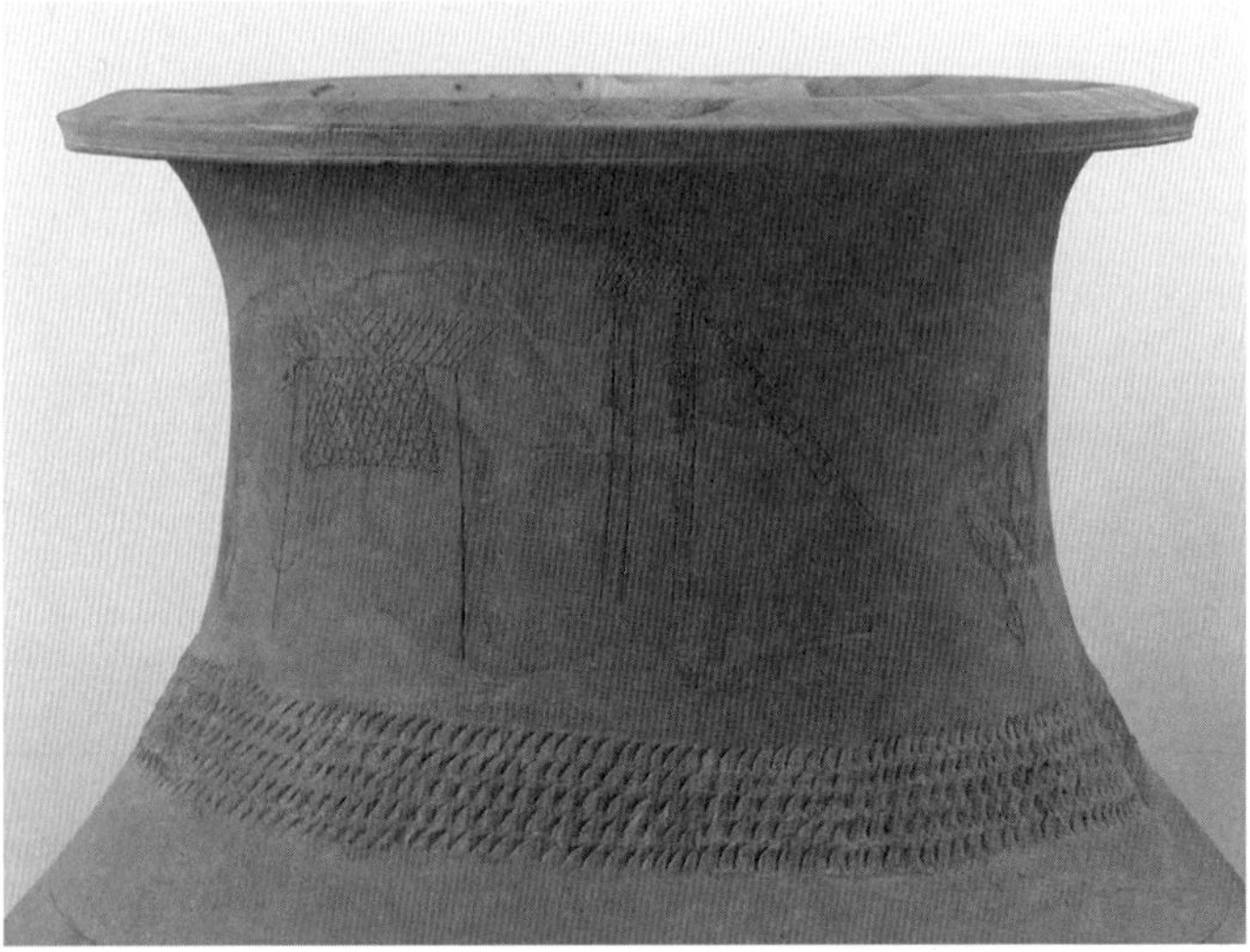

弥生時代の象徴的な事物を描いたと思われる角田遺跡の壺の絵（上下共提供・米子市教育委員会）。

伯耆国の領域は、古くは出雲文化圏に含まれることは先にふれたが、国府は都にもっとも近い、国の東端、現在の倉吉市国府の地に置かれた。やはり海岸からは少し離れた高台にあり、北方の海岸部にはラグーンが広がっていたと考えられる。その国府から西へ四〇キロほど行った高台に妻木晩田遺跡があり、その西南に位置する角田《すみた》遺跡（米子市淀江町稲吉、七八頁地図参照）から

出雲大社の復元模型（出雲大社）。

心御柱（出雲大社）（上下共提供・島根県立古代出雲歴史博物館）。

は弥生時代中期の大きな壺が掘り出された（八二頁写真）。この壺の首の周りには、舟や建物、銅鐸がつるされた木などの線描画があり、弥生時代の表ヤポネシアの文化を考える上でとても重要なものである。

掲載した復元図を確認すると、頭に羽飾りらしきものをつけた神か人が舟を漕いでいる。前にふれたゴンドラ型のそり舟で、いかにも足が速そうだ。また、左端に描かれているのは木に下げられた銅鐸らしいが、加茂岩倉遺跡（島根県雲南市加茂町）から出土した銅鐸の使用法を窺わせる。また壺の絵でとくに有名なのは、長い梯子をかけた高層建造物である。四本の柱が長く伸びて床面がものすごく高くにある。この絵は、二〇〇〇年に出雲大社の八足門の前の地下から大きな柱の根元が発掘されて話題になった、古い出雲大社の高層神殿を連想させる（前頁写真）。

考古学者の藤田富士夫は、弥生時代に、能登半島から富山湾周辺を中心として、日本海側には、サークル状に巨木を建てる文化が広がっており、その広がりの南端に遺る痕跡が諏訪大社の御柱《おんばしら》、西の端に遺る痕跡が出雲大社の高層神殿ではないかと述べている（「古代出雲大社本殿成立のプロスに関する考古学的考察」）。この弥生時代中期に作られたとされる壺の絵が、出雲の地にあった巨大な社（出雲大社は古くは杵築大社と呼ばれていた）を写しているのか、表ヤポネシアにはそうした高層建造物が他にも建っていたのか、それはわからない。ただ、それがこの地域の文化的な特徴を示す建造物として存在したらしいということが、この絵からは明らかになる。そして杵築大社は、古事記の神話によれば、ここでみた手間山での試練のあとに訪れた根の堅州《かたす》の国におけるスサノヲ（須佐之男命）による試練を克服して地上にもどる際に、スサノヲから建てるようにと祝福された王の住まいだと語られている。この高層神殿にヤマトが介在してくるのはずっと後のことである（三浦『出雲神話論』）。

＊＊＊

この章では、出雲から稲羽（因幡）・伯伎（伯耆）を、急ぎ足でたどった。そこは神と人とが海を介してつながる世界だということを浮かび上がらせてくれたし、海を通して西にも東にも北にもつながった開放的な世界としてあったらしいということも教えてくれた。それが少なくとも律令以前の表ヤポネシアだったと言えるのではないか。そして、律令制度が施行され山陰道という陸路で都とのあいだがつながれ、役人たちが往来することになると、従来の海を通した人びとのつながりは大きな変容を強いられることになったと考えられる。

しかし、弥生時代に溯る遠い昔、出雲や妻木晩田や青谷上寺地などの集落では、海からの来訪者を迎え、入り江からは船が海のかなたへと漕ぎ出していったのである。そうした賑わう拠点の一つとしてここに取り上げた地域が存在した時代を思い描きながら、次なる土地へと歩みを進めることにしたい。

第三章　神や異界と接触する——但馬・丹後・丹波

ヤマトとの距離

稲羽（因幡）から東に向かうと、但馬、丹後、丹波へと至る。現在の兵庫県北部から京都府の北部・中部にわたる広い地域で、律令制下では山陰道に属している。このうち、丹後国は和銅六年（七一三）四月に丹波国の五郡を分割して設置したと続日本紀に記されている通り建国は新しく、古事記では旦波《たには》として一括されている。また、但馬は古事記には多遅摩《たぢま》とあり、『先代旧事本紀《せんだいくじほんぎ》』（全一〇巻、一〇世紀初頭以前、物部氏の氏文）によれば、ヒコイマス（彦坐王）の子孫にあたる一族が但遅麻《たぢま》国造としてこの地を支配していたと伝える（巻一〇、国造本紀）。

このヒコイマスは、古代史研究のなかでは「欠史八代」と呼ばれる天皇たちの最後に置かれた第九代ワカヤマトネコヒコオホビビ（若倭根子日子大毘毘命、開化天皇）の子で、以降の天皇系譜に大きなかかわりをもつ興味深い人物である。普通、天皇にならない人物の系譜が単独で載せられることはなく、古事記では、ヒコイマス（日子坐王）とヤマトタケル（倭建命）だけが例外的に、天皇たちの系譜と並ぶほどの分量をもって伝えられている。

古事記には、第一〇代ミマキイリヒコ（御真木入日子、崇神天皇）の時代の出来事として各地に派遣された遠征将軍の記事が出てくるが、そのなかに、「ヒコイマス（日子坐王）を旦波の国に遣わして、クガミミノミカサ（玖賀耳之御笠）を殺させた」とあって、ヒコイマスはのちに山陰道として整備される入り口の国に派遣されたとされている。また『先代旧事本紀』に尾張連の同族として出てくる丹波国造は、ミチノウシ（美知能宇志王、ヒコイマスの子）を祖とする王族であったと考えるのが妥当で（宝賀《ほうが》寿男『古代氏族の研究⑫　尾張氏』）、但馬から旦波（丹波・丹後）に至る一帯はヒコイマスの血統を受け継ぐ一族によって支配されていたとみてよい。ちなみに、但馬の西に接する稲羽には稲葉国造がおり、彼らもまたヒコイマスの子孫だと『先代旧事本紀』は伝えている。

古事記のヒコイマス系譜によれば（次頁参照）、ヒコイマスがオキナガミヅヨリヒメ（息長水依比売）と結婚して生まれたのが、丹波のヒコタタスミチノウシ（比古多々須美知能宇斯王）であった。そして、このミチノウシが土地の女性、丹波のカハカミノマスイラツメ（河上之摩須郎女）を妻として娘を生むが、この娘たちには悲劇的な伝承がまとわりついている。

姉妹の数や名前に関して、古事記と日本書紀とでいくつかの異伝をもつが、イクメイリビコイサチ（伊久米伊理毘古伊佐知、第一一代垂仁天皇）の結婚にまつわる伝承である。はじめ、イクメイリビコはサホビメ（沙本毘売）を后《きさき》にするが、謀叛を起こして討ち死にした同母兄サホビコ（沙本毘古）とともに后サホビメは死に、そのサホビメの遺言のようなかたちで、ミチノウシの

ヒコイマス（日子坐王）の系図（古事記、開化天皇条）

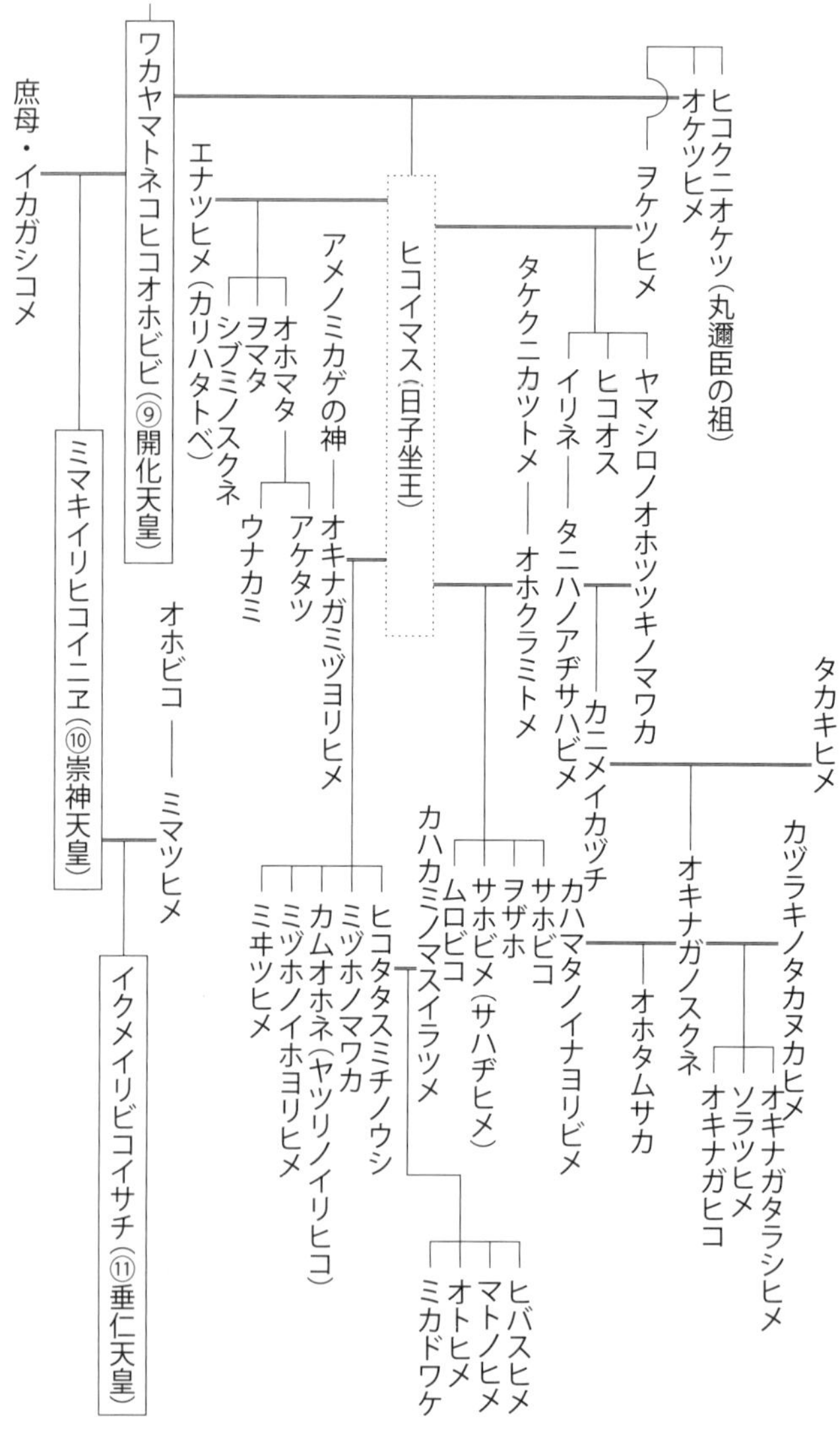

娘を後添いとして後宮に迎える。そのサホビコ・サホビメもヒコイマスの子（母は沙本《さほ》のオホクラミトメ〔大闇見戸売〕）であるというのは、なかなかに興味深い関係のように思われる。

サホビメが遺した言葉のままに、ミチノウシの娘たち、ヒバスヒメ（比婆須比売命）、オトヒメ（弟比売命）、ウタコリヒメ（歌凝比売命）、マトノヒメ（円野比売命）の四人を召し上げた天皇は、上の二人を留め、下の二人はその姿かたちがはなはだ醜いというので親元に送り返した。すると、マトノヒメは返されるわが身を恥じて、「同じ兄弟《はらから》の中で、姿が醜いというので返されてしまうことが近隣の者たちの噂になるのはとても恥ずかしい」と言い、帰り道の山代《やましろ》の国（京都府南部）の相楽《さがらか》に到った時に、木の枝に取り懸《さ》がって死のうとした。それで、そこを名付けて懸木《さがりき》と言ったが、今は相楽と言う。しかしそこでは死にきれず、弟《おと》国《くに》まで行き、ついに深い淵に身を投げて死んだ。それで、そこを名付けて堕国《おちくに》と言ったが、今は弟国と言う。

（古事記、中巻、垂仁天皇条）

イクメイリビコの宮があった磯城《しき》（奈良県天理市から桜井市の辺り）の地から丹波へと向かう途中、相楽（京都府木津川市相楽の辺り）で首を吊ろうとして失敗し、さらに北上した乙訓《おとくに》（長岡京市の辺り）で入水して果てたというのである。この姉妹の出身地が丹波のどこであったかは定かではないが、母の名カハカミノマスイラツメ（河上之摩須郎女）が地名に由来するとすれば、久美浜湾の南に川上（京丹後市久美浜町）という地名が遺されているのが参考になろう。

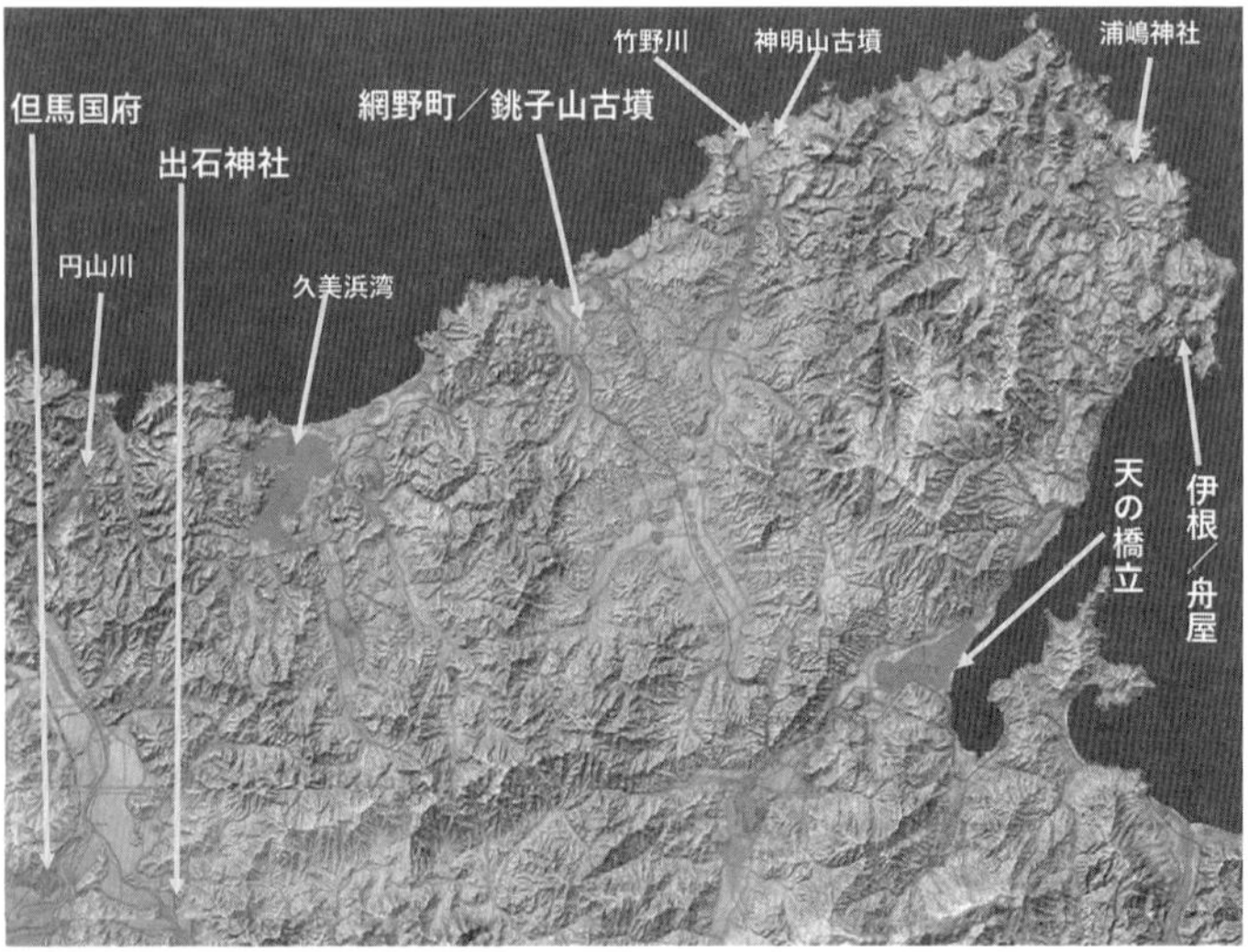

但馬～丹後半島。

典型的なラグーンの久美浜湾（丹後半島西側）。

似た伝承は日本書紀にもあり（垂仁天皇一五年八月条）、そこでは返されたのはタカノヒメ（竹野媛）という女性一人とされ、「葛野《かづの》（京都市右京区・西京区の辺り）に到り、自ら輿《こし》より堕ちて死る《みまか》」と伝えられている。その竹野という名から考えると、分割によって丹後国になった竹野郡（元は丹波国）の出身だったということになる。竹野郡は丹後半島の北部、竹野川沿いの地域で、この近辺には、網野銚子山古墳（京丹後市網野町）や神明山古墳（京丹後市丹後町）など巨大な前方後円墳が存在する。この辺りには、ヤマトの勢力下に置かれることになった土着豪族の拠点があったとみなせよう。

出雲などよりは早い段階に、ヤマトの勢力圏に組み込まれたであろうことは、ヤマトとの距離を考えても明らかである。しかもこの伝承や系譜をみると、ヤマトの大王（天皇）の血を受けた王族が地方に下って在地の豪族と血縁的につながって土地を支配したという関係が浮かび上がる。こうしてヤマトとの関係を密にした在地豪族が、娘たちをヤマトの大王に差し出すことによって中央との関係をより緊密にしようとする政治的な思惑が透けて見える。そのようにして幾重にも積み重ねられた地方と中央との関係を象徴しているという点でも興味深い伝承である。そしてそういう場合には、神に捧げられる生贄も権力者に対する忠誠の証しの品も若い女性であるというのは、伝承的な虚構性と事実性とを混在させながら広がっていくらしいことも見えてくる。

丹後半島というのは内陸部はほとんど山で、車で走っていても海岸線の平地にこじんまりとした集落が点在するという印象しかない。そのために、古代においてもそれほど開けたところではなかっただろうと思ってしまうのだが、そうした近代人の認識を覆したのは、門脇禎二「丹後王国論序説」(『日本海域の古代史』)であった。そこで門脇は、古事記や日本書紀に遺されたヒコイマスの系譜に「男系タテ系図」が見いだせることや大規模な古墳が何基も存在することなどから、四世紀中頃から五世紀代を最盛期として、この地域に「王国(あるいは地域国家)」が存在したことを主張したのである。一九八三年のことであった。

この魅力的な仮説は、地域の活性化という面でも大きな役割を果たしたと思うが、丹後王国の存在については賛否がわかれる。わたしも、男系のタテ系譜や前方後円墳の存在がヤマト王権の影響を否定できないという点で、独自の勢力による丹後王国というのをすんなりとは受け入れにくいと思っている。ただ、ヤマトの影響下に組み込まれる以前、つまり、タテ系譜や前方後円墳などを受け入れる以前に、丹後半島沿岸部がいかなる場所であったかという点については大いに考察の余地があると考える。それは、内陸のヤマトとのつながりではなく、海を道とした外の世界との関係性のなかで培われていったのではなかったか。そこを、後にヤマトが制圧した。

じつはその点に関して、門脇禎二が論文の最後で「日本海文化とその地域性」に目を向けているところに注目したい。そのなかで門脇が、「日本海沿岸の首長、たとえば国造など沿岸の首長が北陸から出雲までずっと存在しているが、彼らの祖先系譜を作ってみると、隣同士の並んでいる首長は別の祖先系譜をもっており、むしろ共通の祖先をもつ結合性を示すのは隣をとび越えたつぎ、またはそのつぎと、ジグザグに結合しているのが見過ごせない」(二七三頁)と述べているのはたいそう興味深く、重要な指摘であろう。なぜなら、そうしたつながりの発見は、表ヤポネシアのつながり方を考える上で大きなヒントを与えてくれると思うからである。言うまでもないことだが、そうしたあり方は、海を通した、海の道によるつながりが作りだしていると考えられるのである。海の道はしばしばそのように動くのが特徴である。

丹後半島にもいくつかラグーン（潟湖）が点在し、その周辺に力をもつ集団が存在したというあり方は、それぞれの集団が陸地ではなく海の道によってつながっていたことを窺わせる。そして実際に、この地域の古墳や弥生時代の遺跡からは大量のガラス珠や鉄製品の出土が報告されており、日本海を通した交易ルートが大きな役割を果たしていたことが確認できるのである（京丹後市教育委員会文化財保護課編『古代丹後の原風景』）。

渡り来る開拓者――アメノヒボコ

ヤマトとのつながりとは別に、この地域もまた古くは、出雲や稲羽がそうであったようにヤポネシア「表通り」に位置しており、海の道を通して外の世界とつながっていたということを確認した上で、話題を次に転じよう。

ここで紹介するのは、古事記中巻の末尾に載せられたアメノヒボコ（天之日矛）の渡来伝承である。そこに歴史年表を重ねるならば四世紀末頃ということになろうか、ホムダワケ（品陀和気命、第一五代応神天皇）の時代に、新羅国の王子を称するアメノヒボコが妻を追って海を渡り、多遅摩《たじま》（但馬）の地に住み着いたという。

昔、新羅の国王の子にアメノヒボコ（天之日矛）という人がいて、海を渡ってやって来た。

なぜかといえば――。

新羅の国に沼があった。その沼のほとりで、一人の賤しい女が昼寝をしていると、陽の光が虹のように輝いて女の陰上《ほと》のあたりを射した。それを一人の賤しい男が見ていて怪しみ、その女の様子を窺っていると女の腹が大きくなり、やがて赤い玉を一つ産んだ。宝の石だとでも思ったのか、男はそれをだまし取って、布に包んで腰から下げていた。

この男は、山の谷間に田を持っていた。田で働く者らに、飲み物と食べ物を持っていこうと、荷物を牛の背に載せて山の谷間に入っていった。その時に国王の子アメノヒボコに逢った。ヒボコは男に、「どうして牛の背に飲み物、食べ物を負わせて、谷に入っていくのだ。この牛を殺して食う気だな」と言うと、すぐに捕らえて獄囚《ひとや》に入れようとした。男は慌てて、「ただ、田で働く者らに食べ物を届けるところです」と言ったが、ヒボコは許してくれない。そこでいつも身に着けていた赤い玉を袖の下としてヒボコに渡した。ヒボコは男を許し、赤い玉を持ち帰って床の側に置いておくと、知らぬ間に麗しいおとめに変わっていた。ヒボコは喜んで女を抱き、妻にした。

女はよく仕え、いろいろなうまい物を作って夫に食べさせた。けれどもヒボコはそれに慣れてしまい、驕り高ぶって妻を罵ったりするので、ついに女は怒り、「およそ私は、あなたの妻などになっている女ではありません。私の祖《おや》の国に行かせて頂きます」と言うやいなや、小舟に乗って逃げ渡りきて難波に留まり住んだ。これが難波の比売碁曾《ひめごそ》の社に坐《いま》すアカルヒメ（阿加流比売神）である。

さて、アメノヒボコは妻が逃げたことを知り、すぐさま追いかけ渡って来て、難波に入ろうとしたが、渡りの神が波風を起こして入れさせなかった。それで海の道を引き返して、多遅摩の国に入り、そのままその国に住み着いて、タヂマノマタヲ（多遅摩之俣尾）の娘の、マヘツミ（前津見）を妻とした。生まれた子がタヂマモロスク（多遅摩母呂須玖）。その子がタヂマヒネ（多遅摩斐泥）。その子がタヂマヒナラキ（多遅摩比那良岐）。その子がタヂマモリ（多遅摩毛理）、タヂマヒタカ（多遅摩比多訶）、キヨヒコ（清日子）の三人だった。このキヨヒコがタギマノメヒ（当摩之咩斐）を妻として生まれたのがスガノモロヲ（酢鹿之諸男）、その妹のスガクドユラドミ（菅竈由良度美）。このユラドミとタヂマヒタカの間に生まれたのがカヅラキノタカヌカヒメ（葛城之高額比売命）で、この方がオキナガタラシヒメ（息長帯比売命、神功皇后）の母。

さて、このアメノヒボコが新羅の国から持ってきたのが、玉つ宝といって、珠二貫、波ふる比礼《ひれ》、波きる比礼、風ふる比礼、風きる比礼、また奥つ鏡、辺《へ》つ鏡、あわせて八種。これは伊豆志《いずし》（兵庫県豊岡市出石《いずし》町）の八前《やまえ》の大神（出石町の出石神社の祭神）。

（古事記、中巻）

陽の光を浴びた女性が妊娠し神の子を生む日光感精型神話と卵を生む卵生型神話が組み合わされた異常誕生譚として語られている。この系統の神話について、東アジア神話の比較研究を専門とする三品彰英《あきひで》は、日光感精型の要素は「蒙古・満州系諸族の伝承」にみられ、卵生型神話は

ゆったりとした円山川河口付近。

アメノヒボコを祀る出石神社（兵庫県豊岡市出石町）。

「南方海洋方面の諸民族の間に伝承されている要素」であると指摘し、その複合した神話は高句麗の朱蒙《しゅもう》伝説などにみられることを指摘する（『増補 日鮮神話伝説の研究』二八頁）。そういう点でいうと、この伝承が新羅からやってきたというアメノヒボコの話として語られているのは興味深く、朝鮮半島由来の伝承であることは明らかである。

赤い玉は、最初に陽の光を浴びて産んだ女から賤しい男へ、そしてヒボコへと移動する。このように、不思議な力を持つ品は所有者を変えながら移動するというのが神話や伝承の展開ではしばしば求められる。例の草那芸《くさなぎ》の剣なども、遠呂知《をろち》の尾から出現したあと、場所や所有者を変えながら物語のなかを変転する。

そうした物語の様式のなかで、この話の場合、今でいえばＤＶ男を逃れて海を渡って逃げるアカルヒメという女性を絡めることによって、スペクタクル的な要素をもった話に仕上げられている。国家神話のなかの建国神話・始祖神話という性格を濃厚にもつ神話が、ちょっとこじれた男女関係を抱え込んだ追いかけっこに展開したという点で、この話は民間伝承として語られていたと考えることができるのではないか。むろん、アメノヒボコが新羅国の王子だというのは、この種の話にありがちな扮飾とみたほうがいいだろう。

逃げてきた女は、難なく難波に逃げ込んでしまう。そこはまるで、渡来者たちの寄り集まる場所のように描かれている。そして、女は比売碁曾の社（大阪市東成区東小橋《ひがしおばせ》、現在の所在地とは少し離れた場所）に祀られたというのに、追ってきたアメノヒボコは「渡り（海峡）の神」に妨害されて入ることができなかった。その海峡の神はどこにいたのかというのが問題になるが、古事記を読んでもはっきりしない。難波にもっとも近い海峡ということであれば明石海峡ということになるが、いかがか。あるいは、朝鮮から難波に入るためにもっとも手前に位置する「渡り」なら、「穴戸《あなと》」という名で知られる関門海峡がある。ここは、海流が速く航行の難所として知られるところであり、ヤマトへ入るための関所のような場所だが、ヒボコは「穴戸」の渡りで内海（瀬戸内海）に入るのを拒まれたとみるのがよいのではないかと思う。

少々脇道に入るが、古事記のヤマトタケル（倭建命）は、クマソタケル（熊曾建）兄弟を倒した帰り道で、「穴戸の神」を言向けたのちに出雲に向かい、イヅモタケル（出雲建）と友達になったと語られている。この伝承を地理的に復元するならば、熊曾国（南九州）から九州の西海岸を船で北上し、玄界灘を東に進んで穴戸に到り、そこの神を討伐しながら、内海に入ることはせず、そのまま東に向かい、出雲の「神門《かむど》の水海《みづうみ》」に入ったというふうに考えるのがよいはずだ。古代の伝承をみると、穴戸を抜ける（内海に入る）のではなく、そのまま外海を通過するというのが推奨ルートとして存在していたのではないか。邪馬台国への魏の国の使者が使った海路もそのルートだったと考えるのが日本海経由説である。

一方、日本書紀を確認すると、アカルヒメに関する伝承は出てこないが、イクメイリビコ（活目入彦、垂仁天皇）の時代の出来事としてアメノヒボコ（天日槍）の渡来は伝えられている。三年三月条に「一云」として記された伝えによると、はじめヒボコは小舟で播磨国に着くと、天皇は使者を遣わして尋問したのち、播磨国の宍粟邑《しさわのむら》（兵庫県中西部、宍粟《しそう》市の辺り）と淡路島の出《いで》浅邑《さのむら》（不詳）なら自由に住んでよいと言う。ところがヒボコは、自分の心にかなうところに住みたいと申し出て天皇の許しを得ると、淀川を北に溯り、近江国の吾名邑《あなのむら》（滋賀県米原市）にしばらく住み、さらに若狭国を経て西に向かい、但馬国に到って住み処を定めたという。そして、その子孫が常世国に出かけたタヂマモリ（田道間守）であるというのは古事記とも共通する。

アメノヒボコは播磨国風土記でも有名で、いくつもの伝承に渡来の神として登場し、在地の神アシハラノシコヲ（葦原志許乎命）との闘争譚や競争譚を伝えている。播磨国には渡来人の入植伝承などがあり、そうした渡来の民との関係を背景として伝えられていると思われるが、日本書紀の移動ルートから考えると、古事記の「渡り」も明石海峡とみるのがよさそうにみえる。ただ、そこから多遅摩（但馬）へ向かうという場合、播磨から陸上をまっすぐ北に上ってとか、日本書紀が伝えるような淀川経由とかではなく、来た道を「穴戸」までもどり、あらためて対馬暖流に乗って東へと向かって但馬に入ったと考えるほうが、新羅から舟でやってきたという伝承の流れからも、古代の航路としても適切だったのではなかろうか。

ただ、そのような大きな迂回路を考えるより古事記で語られるアメノヒボコは、「穴戸（関門海峡）」を渡ることができないままに、ヤポネシア「表通り」を東に進んで多遅摩に至ったとみるのがいいのではないかと思うのである。そして、大きなラグーン（潟湖）を形成していたと考えられる但馬国にある円山川河口（兵庫県豊岡市、九六頁写真）に至り、そこから川を溯って出石の地（兵庫県豊岡市）へと入って定住した。先に引用した古事記の伝承の末尾に記されていたのが、その子孫たちの系譜である。

円山川の入り口は両側を山に挟まれて狭いが、中に入るとゆったりと広い流れになっている。

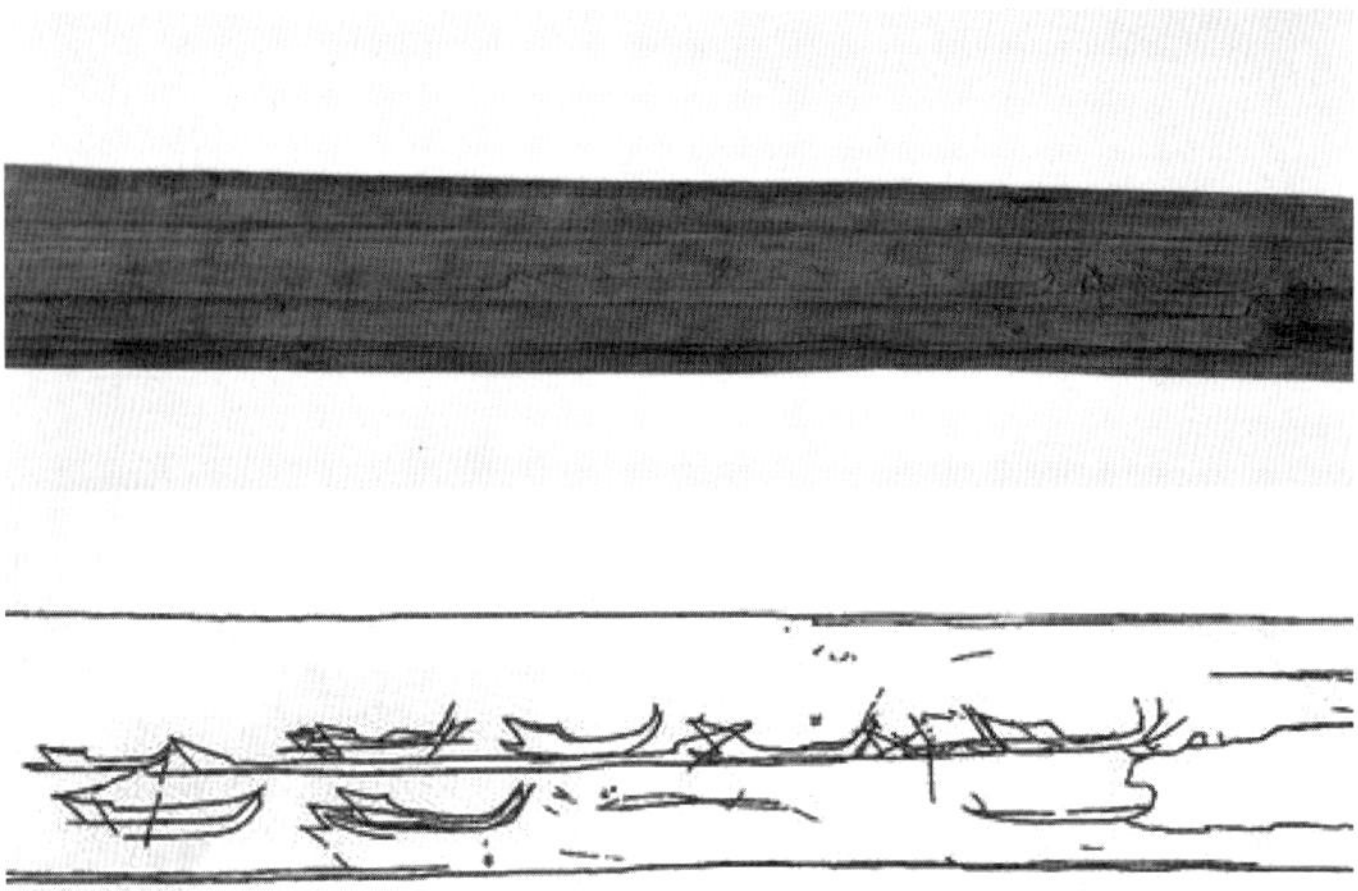

袴狭遺跡（兵庫県豊岡市出石町）で見つかった数隻の舟とイルカ（？）を描いた板（上)。（下）はその線刻画（写真提供・共に兵庫県立考古博物館)。

平凡社地方資料センター編『兵庫県の地名Ⅱ』によれば、「豊岡盆地の形成は、盆地東縁の中谷《なかんだに》貝塚（豊岡市）調査では約三千年前に始まる入海の陸化によるものとみられているが、前後の地形変成に『古円山川』の存在が説かれることがある。河川勾配は上流部の六〇分の一から七〇分の一に対し、下流部は一千四〇〇〇分の一、豊岡市街部の標高は四―六メートルで、河口から約一八キロの日高町域まで大潮のとき海水が逆流する」とある（「円山川」）。そして、その緩やかな流れを利用して、江戸時代には内陸部との高瀬舟による舟運が行われ、客船も運行されていたという（同「円山川」）。

　その証拠になるだろうか、円山川とその支流の出石《いずし》川によって形成された沖積平野に立地する袴狭《はかざ》遺跡（豊岡市出石町袴狭）から出土した古墳時代前期の木製品には、多数の準構造船と思われる船や、イルカ（あるいはサメ）と思われる魚類などを描いた線刻画が見つかっている（前頁写真）。古代にはこの河川は良好なラグーンを形成しており、内陸まで船が入り、漁撈はもちろん外海とのつながりも含めて、海とのつながりが深いところであった。そして、日本海から円山川を溯り支流の出石川に入り込んで住みついたのが、袴狭遺跡からほど近い出石神社（豊岡市出石町宮内、九六頁写真）に祀られるアメノヒボコであった。

出石神社があるのは、円山川の支流の出石川のほとりで、河口からは二〇キロあまりのところに位置するが、出石神社境内に掲げられた「但馬国一宮出石神社由緒」によれば、「天日槍命は泥海であった但馬を円山川河口の瀬戸・津居山の間の岩山を開いて濁流を日本海に流し、現在の豊沃な但馬平野を現出され、円山川の治水に、また殖産興業に功績を遺された神として尊崇を集めています」とあり、この地の開拓者として讃えられている。おそらく古くから渡来系の人びとが多く住んだところで、製鉄や陶器《すえき》の技術をもった渡来集団の象徴的な存在がアメノヒボコであったとみなされている（いずし但馬・理想の都の祭典実行委員会編『渡来の神　天日槍』）。

そのアメノヒボコの系譜を、古事記の伝承にしたがって系図化すると次頁のようになる。ヒボコから数えて五代目のタヂマモリ（多遅摩毛理）は、次に取り上げる常世国往還譚の主人公となる。また、最後に名が出ているカヅラキノタカヌカヒメ（葛城之高額比売命）は、記事のなかにも記されていたように、オキナガタラシヒメ（息長帯比売命）を生んだ。結婚相手は、先に掲げたヒコイマス系図（八八頁参照）に出てくるオキナガノスクネ（息長宿禰王）である。言うまでもないが、オキナガタラシヒメはタラシナカツヒコ（帯中津日子命、第一四代仲哀天皇）

古事記・アメノヒボコ系図（応神記）

アメノヒボコ
　‖―タヂマモロスク―タヂマヒネ―タヂマヒナラキ―┬タヂマモリ
タヂマノマタヲ―マヘツミ　　　　　　　　　　　　├タヂマヒタカ
　　　　　　　　　　　　　　　　　　　　　　　　└キヨヒコ
キヨヒコ
　‖―┬スガノモロヲ
タギマノメヒ　└スガクドユラドミ
タヂマヒタカ
　‖―カヅラキノタカヌカヒメ
スガクドユラドミ

の后だが、天皇の没後に朝鮮半島の新羅国に攻め込んだというのでよく知られている。タヂマモリもオキナガタラシヒメも航海にかかわる伝承をもつという点で、アメノヒボコの血統を受け継いでいると言うことができるのではないかと思う。そして、その背後には丹後および近江など、日本海につながる地域に勢力基盤をもつ豪族たちが存在する。

異界往還——タヂマモリと浦島子

「伊豆志の八前の大神」として出石神社に祀られているアメノヒボコが持ち伝えた品は、「波（風）ふる」「波（風）きる」という名称からみて航海のための呪具と考えてよかろう。それゆえに、子孫であるタヂマモリは天皇から常世国への旅を命じられることにもなったのだと考えることができる。それは、アメノヒボコの渡来を伝えるホムダワケの時代よりもずっと前、イクメイリビコ（垂仁天皇）の世に生じた出来事として語られている。

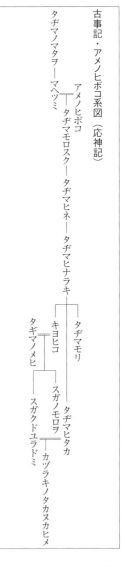

天皇は、三宅の連等《むらじ》の先祖、名をタヂマモリという男に命じて、常世の国にあるという登岐《とき》士玖能迦玖能木《じくのかくのこ》の実《み》を採りに行かせた。

タヂマモリは苦しい航海のすえに、やっと常世の国にたどり着き、命じられた木の実を採って、かずらのかたちに編んだ木の実八連と、串刺《くし》しにした木の実八本を持って還ってきたのだが、その往還のあいだに、命じた天皇はすでに亡くなっていた。それを知ったタヂマモリは、かずら状の木の実四連と串刺し状の木の実四本とを分けて后《きさき》のヒバスヒメに差し上げ、残りのかずら状の木の実四連、串刺し状の木の実四本を、今は亡き天皇が葬られている墓の戸の前にお供えし、その木の実を捧げ持ち、叫び哭《な》きながら、「常世の国の永遠にかがやく木の実を採り来て、ここに参上いたしました」と言ったかと思うと、そのまま叫び哭きながら死んでしまった。

そのトキジクのカクの木の実というのは、今いうところの橘のことである。

（古事記、中巻）

常世国というのは海のかなたに想定されている想像上のユートピアだが、中国の民間信仰である道教から生まれた神仙思想から生じた不老不死の理想郷とされる蓬莱《ほうらい》山などと融合していったと考えられる世界である。したがって現実にその地に行けるわけはないが、ことに権力や富をもった者たちにとって不老不死への希求は大きく、金丹《きんたん》などの仙薬を手に入れたいと願った人は多

浦島子（のちの浦島太郎）を祀る浦嶋神社（京都府与謝郡伊根町）。

い。この話では、不老不死を可能にする木の実を手に入れるために、天皇イクメイリビコはタヂマモリに常世国往還を命じたのである。

アメノヒボコの子孫であるタヂマモリにその役目が与えられたのは、海彼からやってきた一族であり、航海技術に長けていたからだと考えられる。あるいは三宅連の一族は、道教を信仰していたのかもしれない。しかも、アメノヒボコの故郷である新羅は、「金銀をはじめとして、目もくらむばかりのさまざまな宝」（古事記、仲哀天皇条）がある異界と考えられていたのである。

この短編伝承の興味深いところは、タヂマモリが苦しい思いをして旅を続けて帰って来たら、命令を下した権力者イクメイリビコは死んでいたというエッジの効いた終わり方である。ここには間違いなく、人間の世界と神の世界とでは時間の流れるスピードが違うという認識が存在する。そして、その時間観念は次に引く浦島子《うらしまこ》伝承における大きな主題にもなっているが、「叫び哭きながら死んでしまった（遂叫哭死也）」と描かれるタヂマモリの死が、あたかも人間の時間に触れることによってもたらされた浦島子の死と同じく「哲学的な死」として読めるところに、古事記の語り方の巧みさがあると思う。ほぼ同じ話を載せる日本書紀では、その場面を「叫び哭きながら、自ら死んだ（叫哭而自死之）」と描写しており、「自」の字を加えることで自殺あるいは殉死という秩序のなかに組み込んでゆく。

トキジクというのは時が無いという意味の形容詞トキジに名詞化する接尾語クがついた語、カクは照り輝く意、トキジクのカクの木の実とは、永遠に照り輝く木の実という意味をもつ。つまり、その実を食すことによって永遠の命を手に入れることができる仙薬なのである。ところがその実は、最後のところで、この世では「橘」というと種明かしされ、現実に引きもどされる。たしかに柑橘系の実は長持ちはするが、永遠ではない。そのように人は、そして天皇は死ぬのだ。

その常世国へ、タヂマモリはどこから船出したのか、何も語られていない。ただ、その本拠から想像すれば多遅摩（但馬）に違いない。中世の補陀落《ふだらく》渡海の場合は、紀州の熊野から修行僧たちは小舟に閉じ込められて出て行った。それに対してタヂマモリは、北の海を、おそらく西に向かって船出していったのであろう。そう考えることで、古代の但馬（多遅摩）が、ヤポネシアの「表通り」であることがよくわかるのではなかろうか。

このようにタヂマモリの異界への旅を、本拠地である多遅摩からの船出として想定すると、昔話「浦島太郎」の原話にあたる古代の浦島子物語がごく近くにあることに思い至る。浦島子の話は、丹後国風土記（逸文）として伝えられ、その発端部分は日本書紀のオホハツセワカタケル

（大泊瀬幼武、第二一代雄略天皇）のところにも記載されている。かなり長い話だが、最後に添えられた歌の贈答を省略して紹介しておきたい。

長谷《はつせ》の朝倉宮で天下を支配なさっていた天皇（雄略天皇）の時代のこと、島子は一人で小舟に乗って、海に漕ぎ出て釣りをしていたが、三日三晩たっても一匹の魚も釣れなかった。ところが不意に五色の亀を釣り上げた。不思議なことだと思って、船の中に置いてそのまま眠ってしまったところ、亀はいつの間にか麗しい女性になっていた。その美しさは他と比べようもないほどだった。驚いた島子が、「ここは人家から遠く隔たった海上で、人っ子一人いない場所です。どこから突然やってきたのですか」と尋ねると、娘は微笑みながら、「風流な方が一人で青海原に浮かんでいらしたので、親しく語り合いたいという思いに耐えられず、風雲に乗ってやってきました」と答えた。島子がまた、「その風雲はどこから来たのですか」と聞くと、娘が答えて、「私は天上の仙人の家の者です。どうぞ疑わないで、私と語らい、可愛がって下さい」という。それで島子はこの娘に慎みと恐れを抱き、半信半疑でいた。すると娘はその心中を見透かしたように、「私はあなたと天地や日月がなくなるまで、永遠に一緒にいたいと思っていますが、あなたのお気持ちはいかがでしょう。早くあなたの御心をお聞かせください」と言う。島子は、「もう尋ねることもありません。私のほうこそ、あなたを愛する心にゆるみなどありません」と答えた。すると娘が、「棹を廻して、蓬萊山へ参りましょう」と言い、島子の眼を瞑らせた。

瞬く間に、海の中の広くて大きな島に着いた。玉を敷いたようで、門の影が長く伸び、高殿は陽を浴びて輝いている。今まで見たことも聞いたこともない場所だった。二人は手をつないでゆっくりと進み、一軒の立派な家の門前に着くと、娘が「しばらくここで待っていて」と言って、門の中へ入っていった。すると七人の子供たちが出てきて、「この方は亀姫様の夫です」と噂し、また八人の子供が出てきて「この方は亀姫様の夫です」と言い合ったので、娘の名が亀姫であると判った。しばらくして娘が出てきたので、子供らの事を尋ねると、娘は、「その七人の子供たちは、すばる星です。八人の子供たちは、あめふり星です。どうぞ心配しないで」と言いながら、島子を家の中へと導いた。家では娘の両親が島子を丁重に迎え、歓迎してくれた。そして、人間界と仙界との違いを語り、人と神とが偶然に出逢ったことの喜びを語り合った。歓迎の宴では、たくさんの素晴らしいご馳走をすすめられ、娘の兄弟姉妹たちと乾杯しあい、近隣の可愛らしい少女らも着飾ってやって来て、みなで宴を楽しんだ。仙界の音楽は清らかに澄み透り、神々の舞い姿は妖艶で、その宴の様子は人間界に比すべきものがないほどだった。そのため日が暮れるのも忘れていたが、夕刻になると仙人たちはだんだんと退席して、部屋には島子と娘だけが残された。二人は肩を寄せ合い、袖を絡めあって、夫婦の交わりをかわした。

そうして、島子が故郷を忘れて仙境で過ごして三年が過ぎた。そのうちに島子は故郷が懐かしくなり、両親を恋しく思うようになった。郷愁が募り、嘆きは日増しに深くなっていった。その様子に気付いた娘が、「この頃、顔色がよくありませんが、悩みごとがあるのなら聞かせてください」と言ったので、島子は、「昔の人は、心の劣る者は故郷を懐かしがり、狐は死期を迎えると生まれた巣穴のある丘に行くと言います。私はそんなことは嘘だと思っていましたが、今はその通りだと思うようになりました」と答えた。娘が、「故郷に帰りたいのですか」と問うと、「家族と離れ、この遠い神仙境にやってきましたが、故郷への恋しさに耐えられず、つい心の中をさらしてしまいました。どうかしばらくの里帰りと、両親に会いたいという我がままをお許しください」と島子は答えた。それを聞くと、娘は涙を拭きながら、「二人の心は金や石のように固く結ばれ、永遠を誓ったのに、どうして故郷を懐かしんで私を捨てようとなさるのですか」と嘆き、二人は手を取りあって歩き、語り合いながら、別れを嘆き悲しんだ。そして島子はとうとう娘のもとから去ることになった。娘の両親や親戚たちも別れを惜しんで見送ってくれた。

その時、娘が玉匣《たまくしげ》（きれいな櫛箱、玉手箱のこと）を島子に渡し、「私を忘れずに、またここに戻りたいと思うのであれば、この玉匣を握って決して開けてみようとはなさらないでください」と言った。そして、二人は別れ、島子は船に乗った。娘は来た時と同様に、島子の眼を瞑らせた。たちまち元の筒川の郷《さと》に着いた。村を眺めると、人も様子もすっかり変わっている。知っている者は誰もいない。そこで村人に、「水の江の浦島子の家族は、今どこにいるのでしょう」と尋ねると、村人は驚いて、「あなたはどこの人ですか、ずっと昔の人をたずねるとは。古老の語り継いできた話によれば、ずっと昔に、水の江の浦島子という人がいたが、一人で海に行ったまま、帰ってこなかったそうです。今はそれから三〇〇年以上も経っています。どうして突然そんな昔の事をきくのです」と言った。すべてを知った浦島子は放心状態で村を歩き回ったが、知っている人には一人も会わなかった。一〇日が過ぎて、玉匣を撫でながら、別れた神女のことを思い出していたが、娘との約束を忘れて蓋を開けてしまった。瞬く間に、若々しい島子の肉体は風雲にさらわれるように、天空に飛び翔《かけ》ってしまった。

（丹後国風土記〔逸文〕、『釈日本紀』所引）

和銅六年（七一三）四月に丹波国の五つの郡を割いて建国された丹後国が朝廷の命令を受けて編纂した丹後国風土記に載せられていた記事である。その命令は和銅六年五月に太政官から発せられたもので、建国されたばかりの国が最初に受けた業務命令が、この地誌のための資料収集だったのかもしれない。そう考えると、その全体は散逸して別の書物に一部が引用されているだけでありながら、力のこもった記事が載せられているのもなるほどと思わせる。ここに引いた浦島子の話は『釈日本紀』（鎌倉時代末に作られた日本書紀の注釈書、卜部《うらべ》兼方《かねかた》著）に引用されたために遺された。浦島さんの原話がなぜ日本書紀の注釈書に出てくるかというと、日本書紀の雄略天皇巻に、次のような記事が載せられているためである。

秋七月に、丹後国の余社《よさ》郡の管川《つつかわ》の人、水の江の浦島子が舟に乗って釣りをしていた。そして、大きな亀をつり上げたところ、たちまちに女に変化した。それを見た浦島子は心を奪われ婦《つま》にすると、女に連れられて海のかなたの蓬萊山に到り、仙人たちをめぐり見た。語《こと》は、

別巻に在り。（雄略二二年七月条）

蓬萊山（永遠の命をもたらすユートピア）に行ったというところで記事が終わっているのは、日本書紀は編年体の歴史書だからである。ここで出かけた浦島子が帰ってくるのは三〇〇年後となり、帰還時の出来事は叙述できないというのが編年体歴史書の認識なのである。ということは、日本書紀の編纂者は、浦島子の出来事が事実だと考えていたことを示している。ただし雄略二二年は暦の上では四七八年に相当するのだが、それから三〇〇年後とすると、日本書紀の完成時、養老四年（七二〇）には浦島子はまだ蓬萊山に滞在中だった。しかし、それもたいした矛盾ではなかったのだろう。

最後のところに記された「別巻」には帰還を含めた全体が叙述されているはずだが、その「別巻」というのは、養老四年に奏上された「『日本書』紀」（正史『日本書』のうちの「帝紀」にあたる部分）とともに編纂される予定であった『日本書』の「伝（列伝）」のことを指している。蓬萊山に行った浦島子は仙人になった偉人の一人として、正史『日本書』の「伝」に載せられる予定だったのである（三浦『浦島太郎の文学史』、同『神話と歴史叙述　改訂版』など参照）。ところが『日本書』の「伝」と「志（誌）」はでき上がらず、「紀」のみの史書は『日本書紀』と呼ばれるようになって後世に伝えられた。そのために「浦島子伝」は幻の作品となってしまったのである。

引用した話を読んだだけでは、舞台が丹後半島であるということは明確ではないが、この伝承には前置きのかたちで次のような文章が遺されている。

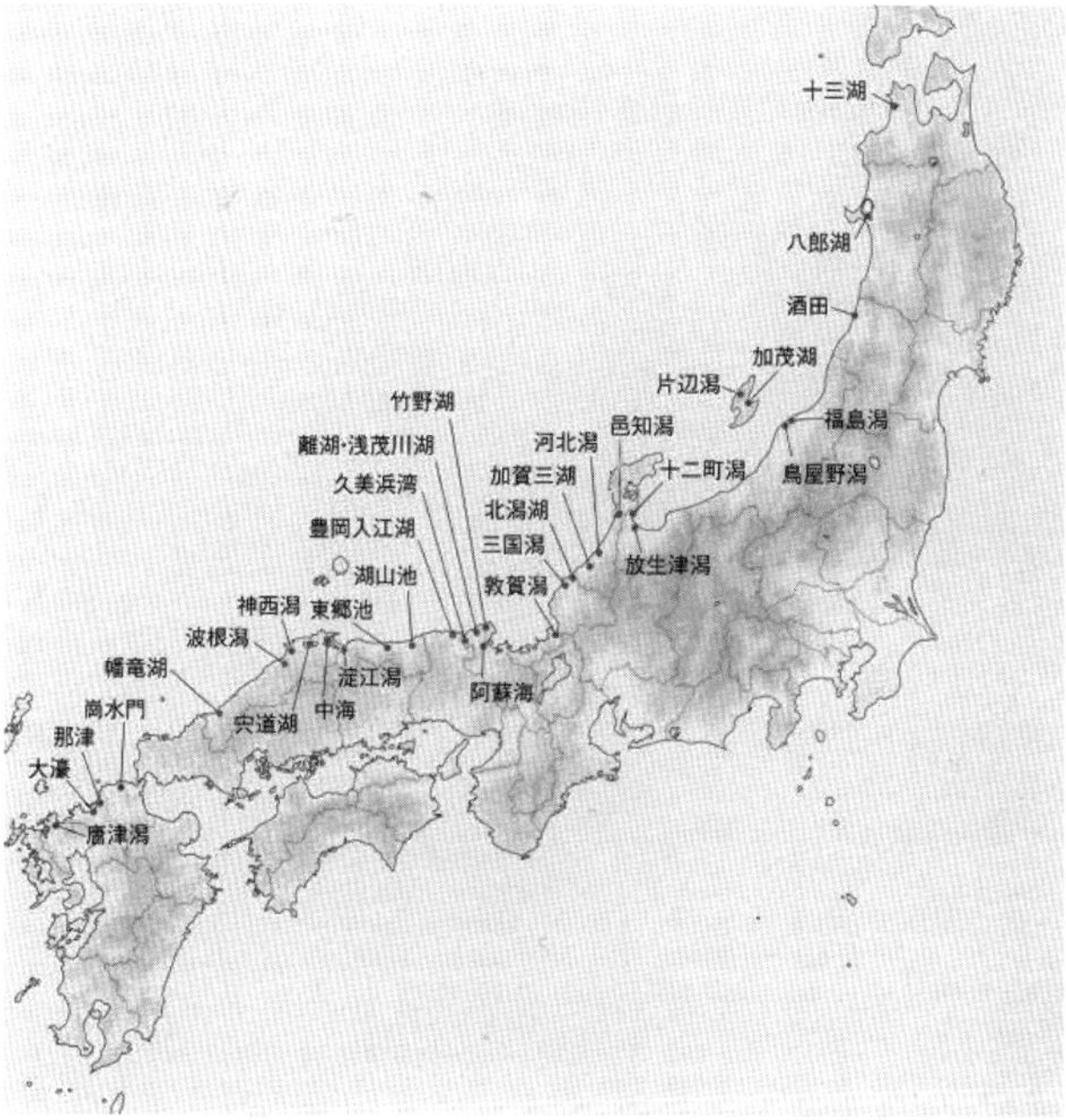

日本海沿岸に点在する主要なラグーン（福井県丹生郡越前町・織田文化歴史館ＨＰより）。

丹後国風土記によると、与謝郡日置里に筒川村がある。この民に、日下《くさか》部首《べのおひと》らの先祖で名を筒川島子という男がいた。その人は、容姿は端麗で、風流心も比べる者がないほどであった。これは、よく知られた水の江の浦島子のことである。その内容は、前に丹後国に赴任していた国守、伊預《いよ》部馬養《べのうまかひ》の連《むらじ》が書いたものと相違する点がない。そこで、ここにはおおよその出来ごとを記すことにする。

風土記に載せたのは概略であり、元の話は伊預部馬養という国守が書いたものであるとあって、原作者がいたことがわかる。その馬養は、七世紀後半に活躍した人物で（八世紀になってすぐに没したらしい）、丹後国の守（時期からみて分割前の丹波国のはず）のほか、「撰善言司《よきことをえらぶつかさ》」（史書編纂のための役所）の一員であり、『律令』撰定の一員ともなり、漢詩集『懐風藻』に漢詩を遺し、皇太子学士も勤めたエリート学者官僚であったことがわかっている。

その馬養が書いたというのが、さきほど出てきた「別巻」のことで、『日本書』の「伝（列伝）」のなかに「浦島子伝」として収められる予定だった。したがって、丹後国風土記に載せられていた浦島子の話がそのままのかたちで丹後地方に伝えられた民間伝承であったとは考えにくい。ただここで注目しておきたいのは、丹後という土地を舞台にして、容姿端麗な風流心をもつ男と蓬萊山の仙女との出逢い、そして官能的な交わりを語る中国的な神仙伝奇が語られているということである。それは中国六朝期（三〜六世紀にあった六つの王朝の時代）の流行小説に基づいていたのである。

舞台となった丹後という場所が、タヂマモリの常世国往還もそうであるように、異界に近づくことのできるところだと認識されていたからではないか。丹後国というのは、古代においては、そのような最先端をいく物語の出発地となるべき、モダンな場所でなければ、こうした物語を発想することはできなかったはずだ。だからこそ、漁師ではなく、容姿端麗な風流人である浦島子という主人公でなければならないのである。

話は、われわれがふつう知っている昔話「浦島太郎」とは違い、神女（仙女）に誘われて蓬萊山に行った浦島子が、神女との官能的な三年間を過ごし、帰ってみたら三〇〇年が経っていたという内容である。その肝は、ここでは「二人は肩を寄せ合い、袖を絡めあって、夫婦の交わりをかわした」としか語られていないが、元はもっと詳細な閨房描写があり、知識階級の男たちが楽しんだものらしい。それとともにこの話が、この世と異界との時間差を語るという哲学的な主題を持っていることも重要だ。そのような主題も持つ神仙伝奇小説は中国の六朝期に流行した神仙思想に裏付けられたもので、それが馬養によって日本化されて物語に書かれたと考えられる。

ただし、現代小説のフィクション化された主人公というのではなく、正史『日本書』の「伝」に載せられるべき実在人物として浦島子は必要だったと考えなければならない。それは、中国の正史のなかの「列伝」に仙人が存在するように、東夷の日本にも仙人は存在しなければならなかったからである。引用した話の末尾のところ、浦島子が玉匣の蓋を開けると、「瞬く間に、若々しい島子の肉体は風雲にさらわれるように、天空に飛び翔ってしまった」とあるが（原文は「忽開玉匣、即未瞻之間、芳蘭之体、率于風雲、翩飛蒼天」）、これは、若々しい肉体が、地中から出てきた蟬が羽化して飛び去るように、着物だけを遺して消え去ってしまったことを描いている。そのような状態を神仙思想では、蟬蛻《せんぜい》（蟬脱とも）と言い、世俗を抜け出して仙人になる時のさまを表しているのである。仙人には、天空を飛ぶことができる天仙と呼ばれる上級な仙人もいるが、浦島子の場合はそこまではなれず、四、五〇〇年の齢をもつ地仙（天空を飛んだりはできない）になったのである。

われわれには子ども向けの昔話でしかない浦島さんの話は、このような古代中国から伝来した神仙思想に裏付けられたモダンで哲学的な小説だったのだが、それがほんとうにあった出来事として「伝」に描かれる時、丹後が舞台になったのである。それは、北に海の広がる古代の丹後あるいは多遅摩（但馬）が、そうした異界幻想を可能にする土地として存在したからだということを、ここでは強調しておきたい。

端的にいえば、そこは異界につながる場所であった。浦島子の物語は、万葉集でも、高橋連虫麻呂という伝説的な物語を題材にして歌を作ることに秀でた歌人によって、叙事的な長歌に詠まれている（巻九、一七四〇番）。虫麻呂が舞台に選んだのは、難波の海岸だった。難波は、まさに律令国家「日本国」の表玄関であったわけだが、その難波に並ぶほどの湊をもち、異界に向き合う海が、丹後の筒川あるいは多遅摩にはあったのだ。

＊＊＊

丹後半島の西側の付け根には、今、久美浜湾と呼ばれるきれいなラグーン（潟湖）が広がっている（九〇頁写真）。反対側の東の付け根には、あの天の橋立という景勝地で知られた宮津湾と阿《あ》蘇《そ》海《かい》（次頁写真）がある。こちらも立派なラグーンで古代からの湊だ。そして、丹後半島の海岸線を東から西へとめぐると、舟屋で知られる伊根湾（次頁写真）、浦嶋神社の建つ本庄浜、ミチノウシの本拠とされる竹野川河口（竹野潟）、離《はなれ》湖・浅茂川湖など、古代の航海には欠かせない入り江や河口がいくつも点在していた。

現代のわれわれの認識では山ばかりの半島という印象が強いが、北の海から見ると、その世界はまったく趣を異にした景観をもって広がっているということに気づかされる。それが、古代ヤ

海に面して舟屋が並ぶ伊根湾（伊根の舟屋）。

丹後半島東詰の天の橋立も典型的なラグーン。

ポネシア「表通り」の姿なのだということを、どこを歩いても感じ取ることができる。山陰道という暗い名前を与えられることで刷り込まれてしまった「山陰」イメージだが、その「陰」という名とは裏腹に、これらの土地がもつ開放的な明るさの一端を見いだせたのではないか。余談ながら、古代の「かげ」という語は、第一義的には「光」を意味しているのを思い出した。

最後にもう一つ、この地には、浦島子の物語と並ぶモダンな物語、天女伝承が早くから伝えられていたことを、やはり丹後国風土記（逸文）が教えてくれる。老夫婦に衣を隠されて地上に留められ、酒造りの技によって老夫婦を富ませる。すると心変わりした老夫婦に家を追われて放浪した天女がたどりついて「私の心は穏やかになった（我が心なぐしくなりぬ）」といって留まり祀られたのが奈具神社（京丹後市弥栄町船木）だと伝えている。

琵琶湖の北の余呉湖に伝えられた天女や三保の松原の天女などに先立つのではないかと思われる、もっとも古い天女伝承の一つだが、それが丹後半島に伝えられていたというのも、これまでの論述から納得できるのではなかろうか。

第四章　境界の土地をめぐる――若狭と角鹿

山陰道の入り口は丹波国、そこからは畿内に属する山城国を通ってヤマトにつながる。一方、山陰道に属する丹後国の東に接しているのが若狭国（福井県西部）で、若狭は北陸道の入り口の国ということになる。北陸道は山城国から近江国に入り琵琶湖西岸を通って若狭に入るというルートをとるが、琵琶湖を船で北上したり（後述）、琵琶湖東岸を通って越前の敦賀に抜ける道もあって、活発に動いていたようにみえる。なお、近江国は七道諸国としては東山道に属しており、近江から美濃国へと通じていた。古代の東海道は、平安京以降とは違って畿内の大和国から伊賀国に入り、伊勢から尾張へとつながるルートだった。

海の幸の若狭

都から若狭方面へ抜ける道は、後世になると鯖街道という名前でよく知られているが、この道も特定のルートが決まっていたというより、都と若狭の海岸部とをつなぐ道として何本かが存在

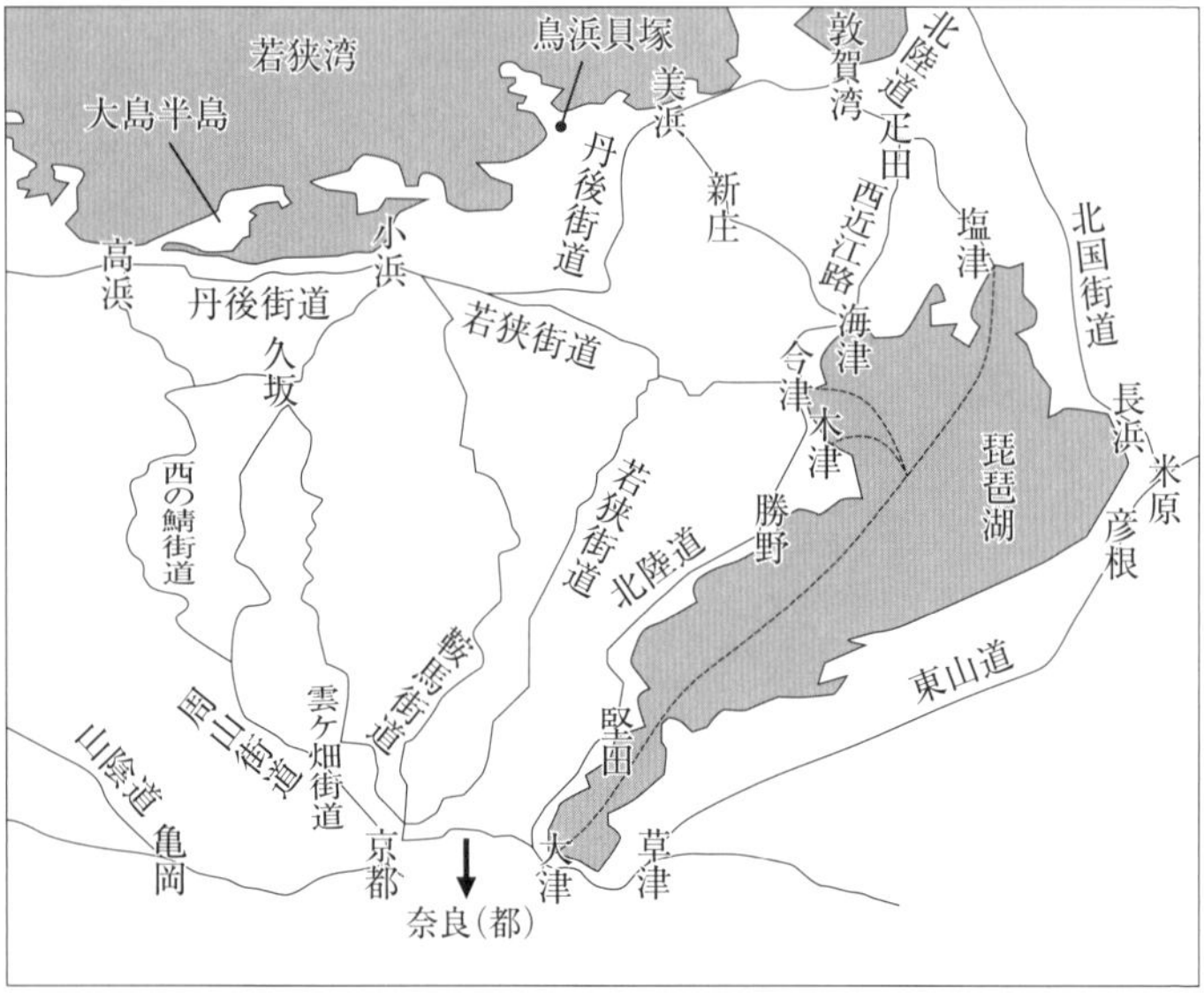

北陸道や若狭道を通って、日本海側の物資は都へ運ばれる。

したらしい。それらの道の一つか、北陸道を指しているかははっきりしないが、万葉集には「若狭道《わかさぢ》」という言葉が使われる。若い頃の大伴家持と後に妻となる大伴坂上大嬢《おおいらつめ》とのあいだで交わされた贈答歌のなかの、大嬢が詠んだ歌である。

かにかくに　人は言ふとも　若狭道《わかさぢ》
の　後瀬《のちせ》の山の　のちも逢はむ君
（万葉集、巻四、七三七番）

あれこれと人は噂をし邪魔をしたとしても、若狭道（若狭街道）の途中にある後瀬の山のように、将来も逢いましょう、あなた、という若々しい恋の歌だ。後瀬山というのは福井県小浜《おばま》市にある小高い山で、中世には山城が築かれていた。現在も使われている琵琶湖西岸の今津方面と小浜とをつなぐ若狭街道からも見渡せる山だが、その道がここに歌われている若狭道かどうかはわかっていない。

日本海が南に大きく切れ込んだ若狭湾は、海岸線が入り組んだリアス式海岸になっており、天然の良港がいたるところに存在する。その若狭湾のちょうど真ん中あたりに、有名な縄文遺跡、鳥浜貝塚（福井県三方上中《みかたかみなか》郡若狭町）がある。この貝塚は、大きな丸木舟が日本で初めて発掘されたというのでよく知られるようになったが、複雑に入り組んだ穏やかな海に抱かれた地形は、縄文時代の人びとには暮らしやすかったのであろう。小浜湾（福井県）や舞鶴湾（京都府）を代表とするいくつもの良港があり、船による移動が古くから発達していたのは指摘するまでもない。日本海を移動するのに不可欠な場所として若狭の地は存在したのである。小浜は、北前船の重要な寄港地の一つであった。

戦後、シベリアに抑留されていた多くの日本人がハバロフスクから船で戻ってきたのが舞鶴港であった。わたしなどには後の記憶が混じっているが、『岸壁の母』という流行歌がバックに流れるニュース映像の風景を思い出す。満州や朝鮮からの帰還者も舞鶴港に戻っているが、それは、舞鶴が日本海側に設けられた唯一の軍港だったためという。

ほかに万葉集には、この辺りの海のすばらしさを歌った作者不明の歌もある。

若狭なる　三方の海の　浜清み　い往き還《かへ》らひ　見れど飽かぬかも　（巻七、一一七七番）

若狭湾（小浜港遠望）。

巻七の「羇旅作《きりよ》」に分類されており、おそらく地方官として若狭国府に派遣された役人の歌と推察される。今は景勝地として有名な三方五湖は国府の東にあり、古代には込み入った入り江といくつかのラグーン（潟湖）は、漁場としても移動の道としても重宝されたはずだ。その浜のあまりの美しさに、行ったり来たりしながら眺めやったというのだが、ことに山に囲まれた盆地のなかで生まれ育った都の官人にとって、目の前に広がる海と浜は目もくらむような風景であっただろう。

律令制下における若狭国の国府は、現在の小浜市太興寺のあたりにあったようで、海岸からは少し離れている。ヤマト王権は内陸性の国家で陸の道を主要な通路としているということもあろうが、現在の海岸線に近い辺りはラグーンになっており国庁や国分寺・国分尼寺などは建てられるわけがなかった。

その若狭国は、王権への塩の献上国として有名だが、塩はもちろん、若狭湾に抱かれて海産物に恵まれた土地であった。『先代旧事本紀』に名前が出てくる若狭国造が、「膳臣《かしはでのおみ》」の祖サシロメ（佐白米命）につながるという伝えをもつのも、そうした海産物の献上とかかわるとみていいはずだ。膳臣というのは天皇の食膳を担当する一族だが、この若狭国造については他に記事などがなくその詳細は定かではない。

再びアメノヒボコとヒコイマス

一方、古事記をみると、ムロビコ（室毘古王）という人物を、「若狭の耳の別《わけ》の祖」であると伝えている。ムロビコは、山陰道諸国にかかわってしばしば名がみえたヒコイマス（日子坐王）の子の一人として系譜のなかに出ている（八八頁）。母は春日のタケクニカツトメ（建国勝戸売）の娘の沙本《さほ》のオホクラミトメ（大闇見戸売）と言い、あの有名なサホビコ（沙本毘古王）・サホビメ（沙本毘売命）兄妹の同母の末弟がムロビコである。おそらく、若狭の耳の別という一族は、丹波・丹後から但馬へと連なる山陰道の諸国と緊密につながっていたと考えられる。

その一端を窺わせるのが、前の章でとりあげたアメノヒボコ（天之日矛）である。古事記では、ヒボコは渡り（海峡）の神に足止めされたために多遅摩（但馬）に回り込んで住み着いたと語られており、日本海を東に動いたように読めることは前章において指摘した。ところが、日本書紀のアメノヒボコは、海峡を抜けて播磨国に入り、そこで天皇の許しを得て近江から若狭・但馬へと移動したと語るのだが、改めて、その記事を確認しておきたい。

アメノヒボコ（天日槍）は、菟道河《うぢ》より泝《さかのぼ》って、北の近江国の吾名《あな》の邑《むら》に行ってしばらく住む。そしてまた、近江より若狭国を経て、西の但馬国に到ってすぐさま住み処《か》を定めた。

（日本書紀、垂仁三年三月）

ここでヒボコは、

淀川→宇治川→琵琶湖東岸→近江の吾名の邑＝滋賀県坂田郡近江町箕浦（現在の米原市箕浦）の辺り→若狭国→但馬国

という道筋を辿って移動したことになる。とするとヒボコは、琵琶湖東岸をぐるりとめぐって若狭へ抜けたのである。律令的にいうと、いったん東山道に入り、途中から琵琶湖東岸を北に向かい、琵琶湖の北端を西に折れて北陸道の若狭に行き、その先をさらに西に向かって山陰道に入ると、日本海沿いを西に下って但馬国に到った。

ここに認められるルートは、律令以後には考えにくい移動だと思う。というのは、畿内七道諸国の制度が整備されて以降、公式の道は、山陰道と北陸道とを峻別してしまうからである。それは、近代における国鉄の本線のさまを確認してもわかることだが、山陰本線から北陸本線に接続しようとすると（その逆の場合も同じ）、京都を経由しなければつながらない。舞鶴線と小浜線が全線開通し、福知山駅（山陰本線）と敦賀駅（北陸本線）がつながったのは一九二二年、より海岸に沿って豊岡駅（山陰本線）から宮津（宮豊線）・舞鶴（宮舞線）を経て敦賀（福井県）まで鉄路が通じたのは、その所要時間は別にして一九三二年だった。道路に至っては、敦賀市から福知山市をつなぐ国道二七号が制定されたのは一九五二年、舞鶴若狭自動車道路で敦賀・福知山間が完全につながったのは二〇一四年のことだ。そもそも、北陸と山陰とを直接つなごうという認識が、ヤマト王権はおろか、近代のトウキョウにさえ存在しなかった。そのために、若狭湾を境として、日本海側の西と東は完全に分断されるかたちで、「日本」は造られていった。

そこに注目して言えば、若狭という国は、ヤマトの側がヤポネシアの「表通り」を分断するための緩衝地帯として利用したのではないかという疑惑さえ生じさせる。いや、緩衝地帯というと穏やかな印象を与えてしまうので、分断的な意味をこめて打楔《だけつ》地帯と呼んだほうがいいような気がするほどである。

福井県は東西に長く、東部の越前国のほうははっきりと北陸道に属しているのに対して、西の若狭国は、所属としては北陸道諸国でありながら北陸地方とは言いにくく、山陰地方ではもちろんなく、近畿地方とも呼べない、そのような中間的な場所にされてしまったのである。勘繰れば、そこには意図的な分断が目論まれていたようにみえる。ただ、平安京に都が移ると、距離の近さもあって、若狭に住む人びとは北陸道というよりも山城（都）への親近感が強くなっていっただろう。当然、人や物の行き来がそのようなかたちで行われたということだ。

そもそも北陸道は、元は「高志《こし》の道」と呼ばれており、高志というのは、ごく普通にいえば、越前より東（北）の、ヤポネシアの腹の辺りの諸国をさしている。そしてそこは、ヒコイマスが旦波《たには》に遣わされたのと同じ時、ミマキイリヒコ（御真木入日子、崇神天皇）の時代のことだが、古事記には次のような派遣記事が出てくる。

この御世《みよ》に、オホビコ（大毘古命）を高志の道に遣わし、その子タケヌナカハワケ（建沼河別命）を東の方十二道に遣わして、服属しない者どもを平定させた。（古事記、中巻）

この親子の伝承は、近江からそれぞれの道に分かれて遠征に向かったという想定によって支えられている。息子が遠征したという「東方十二道」というのは、東山道および東海道に所属する諸国をさす呼称として使われる。とすると、父オホビコは琵琶湖東岸を通って敦賀へ抜けたのではないかと思われる。とすると、ここの「高志の道」に若狭が入っているというのは考えにくく、敦賀から「高志の道」がはじまるとみるのが分かりやすい。

ヤポネシアの「表通り」から眺めれば一続きの世界が、律令制下では若狭国に「打楔」地帯の役割を付与することで、意図的に表ヤポネシアを西と東とに分断したのだと思う。しかし、そのようにして生まれた若狭国はどこかの道に属さなければならないので、便宜的に律令制下では北陸道に所属させられた。そうでも考えないと、地形的には若狭湾の一部として若狭国に属していいはずの敦賀が、越前国の南端に置かれる理由も説明できない。

若狭という地名が出てくる資料でもう一つ興味深いのは、オキナガタラシヒメ（息長帯日売命）が生んだ子にまつわる道行きである。遠征先の朝鮮半島で身籠もっていることに気づき、腰に石を巻いて九州に戻って子を生んだオキナガタラシヒメは、その子を連れて倭《やまと》にもどる途中で反乱を起こした継子カゴサカ（香坂王）・オシクマ（忍熊王）との戦いを制して凱旋する。後を継ぐべき幼子は、苦難の末に都にもどると、父タラシナカツヒコ（仲哀天皇）が奇妙な死を遂げたことや、腹違いの兄たちとの戦いがあって穢れを受けたためだろうか、大臣のタケウチノスクネ（建内宿禰命）に連れられて、その身の禊ぎをするために各地を巡り、最後は敦賀の地に仮宮《かりみや》を建てて忌み籠もる。

そして、宗教的な浄化儀礼である禊ぎをすませたのちに、ヤマトに戻った御子ホムダワケ（品陀和気命）は、大君となってヤマトの支配者となる。この、王者ホムダワケ（応神天皇）誕生譚ともいえる敦賀での出来事はこのあと紹介するが、ヤマトから敦賀への旅を、古事記は次のように描いている。

さて、タケウチノスクネは、その太子《ひつぎのみこ》を連れて、禊ぎをしようとして、淡海《あふみ》および若狭の国を巡った時、高志《こし》の前《さき》の角鹿《つぬが》に仮宮を造って住まわせた。（古事記、中巻）

角鹿というのは現在の敦賀のことで、古代の文献ではツヌガと呼ばれる。日本書紀のアメノヒボコ（天日槍）と同様、ここでも近江から若狭へと二人は移動する。北の海に抜けたいなら、まっすぐ角鹿へ向かえばいいものを、ここでは若狭を経て角鹿に落ち着いている。禊ぎの旅にはこうした遠廻りが必要なのだ。そして二人は、ヒボコが若狭から西に向かったのに対して、東に折れて角鹿へと向かう。ただし、この時の通路は琵琶湖東岸を通る道とは考えにくいので（もし東岸ならまっすぐ角鹿に出るはず）、おそらく西岸を通って小浜のほうに出たとみなすのがわかりやすい。禊ぎの地を求めるには遠廻りが必要だが、それにしても、その遠廻りが若狭を通る道になったのには、この御子がオキナガタラシヒメの生んだ子であることが大きく関与していたのではなかったか。というのは、前章で何度も出てきたヒコイマスの系譜のなかに、オキナガタラシヒメも位置づけられているからである（八八頁の系譜参照）。

「高志の前の角鹿（原文、高志前之角鹿）」とある「前」を、古事記の諸注釈書は「みちのくち」と訓んで律令制下の「越前《こしのみちのくち》の国」の意とするが、古事記には、「前」をミチノクチと訓む用例が存在しない。「前」はサキ（先）あるいはマヘ（前方）の意として用いられている。加えて、都に近いところをミチノクチという例は古事記には一か所だけ出てくるが、その表記は「道の口（針間為道口）」である。そこから考えると、ここは律令における「越前国」の意味ではなく、高志の前《さき》（先で、先端の意）にある角鹿と解釈した。

　ヒコタタスミチノウシ（比古多々須美知能宇斯王）はヒコイマスとオキナガミヅヨリヒメ（息長水依比売）とのあいだに生まれたと伝えられているが、オキナガタラシヒメは、ヒコイマスの曾孫オキナガノスクネ（息長宿禰王）とカヅラキノタカヌカヒメ（葛城之高額比売命）とのあいだに生まれたと古事記は伝える。両者の系統は違うが、ともにヒコイマスからつながり、どちらもオキナガ（息長）系の血統のなかに存在する。そもそも琵琶湖沿岸は息長氏の勢力が強かったと考えられる土地であり、その息長の血を引く者たちが、若狭から丹波・但馬の地に根付いていくという伝えのなかに、古代豪族の勢力圏の形成が見え隠れしている。ちなみに、オキナガタラシヒメの父オキナガノスクネは、丸邇《わに》氏の祖ヒコクニオケツ（日子国意祁都命）からはじまる系譜に属しているが、その丸邇氏という豪族も、北の海への入り口、角鹿と深くつながっている。その点に関しては、このあとに読む「蟹の歌」の話題として残しておきたい。

祠をもたない神

若狭地方で注目されている民間習俗として、祠をもたない神の祭祀がある。そのなかでよく知られているのは、若狭湾の西端に位置する大島半島（福井県大飯郡おおい町）の集落に遺る「ニソの杜《もり》」である。半島の先端に大飯原発（関西電力大飯発電所）があることで知られる大島半島は、内陸部は鬱蒼とした森に覆われており、集落はおもに半島の東側海岸部に存在する。そのなかに、三〇か所余りのニソの杜と呼ばれる斎場があり、数軒から一軒までの小単位で祭祀が行われている。多くの場合は、タブノキの巨木の元に小さな祠があって、毎年一一月下旬の一日（多くは二三日）、供え物を持ってお参りする以外は、その斎場は入ることの許されない聖域として護られてきたという。祀られているのは、祭祀を行っている家々の先祖（始祖）と伝える場合もあるが、多くのニソの杜は由来もよくわからないままに祀りを行っていたり、すでに祭祀は継続されていなくて杜だけが残っているところもふえてきているらしい。その祭祀と現状に関しては、詳細な報告書が刊行されている（おおい町立郷土史料館編『大島半島のニソの杜の習俗調査報告書』、同『大島半島のニソの杜の習俗調査報告書―資料編―』）。

この祭祀について、民俗学者の野本寛一は、祭祀対象の祖霊に関して、「遥かに遠い、神になっている神格的祖霊、要するに大御祖《おおみおや》、神祖とか御祖、遠祖・太祖・始祖・開拓先祖」であり、「(そうした)人格的記憶は持たない先祖様、それが大地の霊と複合しているというのが特徴だ」と述べている(おおい町立郷土史料館編『ニソの杜と先祖祭り』四〇頁)。それら家々の始祖がいつから大島半島に住みはじめたかはわからないが、歴史的に言えば、この地には縄文時代から人びとの生活した痕跡が遺されており、あるいは、縄文時代からとは言わないまでも、そうとうに古い祭祀習俗なのではないかというので注目を集めているわけである。

しかも、この祭祀の形態は、大島半島に固有のというよりは、社殿を建てて神を祀るという祭祀形態以前の、ヤポネシア全体に広く存在したと考えられる古層の祭祀形態を残存させているのではないかというのが、ニソの杜が注目される理由の一つでもある。小さな祠は置かれてはいるが(こうした祠がいつ頃からあるかは不明)、巨木の繁る杜で神を祀るというのは、たとえば、沖縄における御嶽《うたき》などにみられる聖域と接近するものであるし、本州の大きな神社でも、たとえばオホモノヌシ(大物主神)を祀る大神神社《おおみわ》(奈良県桜井市)や、タケミナカタ(建御名方神)を祀る諏訪大社上社本宮《ほんみや》(長野県諏訪市)には、壮麗な拝殿はあるが、神のいます神殿は存在せず、神は背後の山や聖域にいますことになっている。

このニソの杜に注目した、鹿児島の民俗学者・川野和昭は、南九州の「モイドン」と呼ばれる聖域と祭祀について報告している。モイというのは「森」の訛った語で、ドンは敬称であり、モイドンは「祠をもたない、神体の樹木は、エノキ・タブノキ・クスノキ」が多く、「特別な神体

大島半島のニソの杜の一つ「上野の杜」。

の木はなく、一帯の森や藪の中」をモイドンと呼び、祀っているのは「門《かど》」といわれる集団であり、「一つの地域に住む集団」であることなど、モイドンとニソの杜との共通点を詳細に報告する。そして、北陸の地にありながら、鹿児島をはるかにしのぐタブノキの存在に「度肝を抜かれた」と述べている（「薩摩・大隅のモイドン（森殿）とウッガン（内神）」）。

沖縄の御嶽や鹿児島のモイドンの信仰と、若狭のニソの杜が似通ったかたちで存在するのは、両方の地だけに共通する習俗が存在したというのではなく、広くヤポネシアを覆っていた古い信仰が両方の地には今も見いだせるということだと考えるべきだろう。そして、当然、祠をもたない神を祀るという習俗は、ほかにもさまざまに存在することは、野本寛一が指摘する通りである（「森の諸相」）。そして、それがヤポネシアの古層の信仰としてあり、その表通りにおいては対馬暖流にう

神殿をもたない神社（泉岡一言神社）。

ながされて、タブノキやツバキなどの照葉樹が生い繁る杜（森）が、神のいますところとして崇められ今に続くのではないか。そのように考えると、若狭から出てツバキの枝をもって日本海沿岸の各地をめぐったと伝えられる八百比丘尼なども思い合わされる。そして、本書で取り上げるヤポネシア表通りの聖地のほとんどが、照葉樹に覆われた神の杜のなかに存在する理由もおのずと明らかになろう。

ニソの杜とは呼ばれていないが、若狭地方では社殿をもたない神を祀るというのは、それほどめずらしいことではないらしい。たとえば、わたしが訪れた泉岡一言神社（福井県三方上中郡若狭町中野木）は、いくつかの土地神を合祀する際に、大和葛城の一言主神社（奈良県御所市森脇）を勧請したということで、祭神は一言主神である。この神社は、広い神域をもち、鳥居も参道も整えられていて普通の神社のようだが、神殿は存在せず、玉砂利の敷かれた聖域には御幣が立てられているだけであった（前頁写真）。

また、泉岡一言神社のすぐ近くに祀られている彌和《みわ》神社（福井県小浜市加茂）も、玉砂利の敷かれた聖域が柵に囲まれてあるだけであった。こちらは、神域と言えるほどの空間はなく、背後にある小高い山のふもとにあったが、『延喜式』神名帳の若狭国遠敷《おにゅう》郡条に載せられた「彌和神社」（国史大系本では「彌和」をイワと訓んでいる）のこととされている。これに間違いがないとすると、全国の式内社（『延喜式』に登録された神社のこと）には、さまざまな祀り方をする神社があることを改めて思い知らされる。

若狭は、ことに平安遷都以降は都に近くなり、寺社や祭りなども都風の華やかなものが流入しやすい土地柄であった。そうしたなかで、一方で古い祭祀形態を遺しているというのは、人びとの信仰とはいかなるものかということを考える上で興味深いのではないかと思う。

そういえばしばらく前（二〇一六年）のことだが、野澤和之監督「ニソの杜」というドキュメンタリー映画が製作され、フライヤーに拙い推薦文を書いたことを思い出した。映画は、聖域ニソの杜と大飯原子力発電所に焦点をあてながら、原始と原子とのあいだに揺れる土地の人たちの生活を追う作品である。若狭湾という風光明媚な場所には、大飯発電所（四基、関西電力）のほか、美浜発電所（三基、同）、高浜発電所（四基、同）、敦賀発電所（二基、日本原子力発電）、高速増殖原型炉もんじゅ（一基、日本原子力研究開発機構）、新型転換炉原型炉ふげん（一基、同）など六か所の原子力発電所があり、すでに廃止が決定したものや停止中のものも含めて一五基もの原子炉が存在する。原発銀座と呼ばれている若狭湾ほどではないにしても、島根半島（島根原子力発電所、中国電力、二基、三号機建設中）にも能登半島（志賀原子力発電所、北陸電力、二基）にも、日本海側の景色のいい海岸を巡っているとかならず原子力発電所の白いドームに迎えられる。なぜそのようなことになってしまったのかと考えた時、「陰」とか「裏」とか呼ばれる土地であることと無関係ではないだろうと思わざるをえない。そしてわたしは、野澤監督の「ニソの杜」のフライヤーに、こんなふうに書いた。

日本海の沿岸を歩いていると、タブノキを中心としたうっそうとした樹林によく出あう。そこはたいてい岬になっており、木々に囲まれて古い祠が建っている。集落を護る神は、海のかなたからやってくるのか、それとも深い杜の奥にいますのか。照葉樹林に覆われた大島半島の「ニソの杜」にいます祖霊も、周囲がどのように変容しようとも、村人たちを護り続けていますのだということを、この作品は教えてくれる。今は目立つ白いドームも、いつの日か杜に覆われてしまうのだろうなと思う。

角鹿――敦賀へ

ここからは、タケウチノスクネとともに若狭から敦賀へと歩を進めよう。

敦賀は古代の文献ではツヌガ（角鹿）と呼ばれているが、そこはヤマトから高志（越）への入り口にあたる。高志の道は海岸沿いに北東に長く伸びており、律令制下では北陸道に属して越前

（福井県東北部・石川県）・越中（富山県）・越後（新潟県）の三国に分割される。北陸道には、ほかに若狭国と佐渡国が設置される。また、養老二年（七一八）に越前国の四郡を分割して能登国が置かれるが、天平一三年（七四一）には越中国の一部となり、天平宝字元年（七五七）に再び独立する。現在の金沢市を中心とした加賀国は九世紀になって越前国の東端を分割して独立した新しい国で、奈良時代はずっと越前国の一部であった。その点で、加賀国と能登国とを併せて石川県としたのは適切な判断であったといえるだろう。

　古事記では、その越前・越中・越後の三国をまとめて高志国と呼ぶ。そのことは、北陸地方全体がヤマトの支配下に入るのが比較的新しかったことを意味している。そして当然だが、そのなかで角鹿（敦賀）は早い段階からヤマト王権の影響下にあったとみてよい。それは、この地がヤマトから北の海に出るのにはもっとも近く、戦略的にも経済的にも重要拠点であったからだ。そのことは、ちょっと奇妙な次のような話によっても窺い知ることができる。さきほど紹介した御子遍歴譚の続きだが、同じような出来事は現在でもたまにニュースになったりする。

「御子が、角鹿に作った宮に籠もっていると」その地《くに》に坐すイザサワケ（伊奢沙和気）の大神が夜の夢に現れ、「わが名をそなたの名に替えようと思う」と仰せになった。それを聞いた御子は喜び、言葉に心をこめて、「恐れ多いことです。お言葉のままに替えさせて頂きます」と答えた。するとまたその神は、「明くる日の夜明けに、浜に出でよ。名を替えた祝いの品を差し上げよう」と仰せになったので、夜が明けてすぐに浜に出てみると、鼻の先を傷つけたたくさんのイルカ（入鹿魚）が一つの浦の、端から端まで満ち溢れていた。そこで御子はすぐさま使いを神の宮に遣わし、「私に、神は御食《みけ》の魚《な》を下さいました」と申し上げた。そしてまたその御名をたたえて、ミケツ（御食津）大神と名付けた。そこで、その神は、今に至るまでケヒ（気比）の大神といって崇め祀る神である。また、そのイルカの鼻から流れ出た血が臭かったので、その浦を血浦《ちぬら》といい、今では都奴賀《つぬが》という。

（古事記、中巻）

日本人の宗教観念、神観念のなかでもっとも重要な行為の一つは穢れに対する忌避であり、心身を常に清浄に保つことが求められる。しかし、人は生きていればさまざまな穢れを受けるので、何かあるたびに禊ぎや祓いを行って穢れを除去する必要があった。定期的な祓いは、宮廷儀礼で言えば六月と一二月の夏越《なごし》の祓《はらえ》と大祓《おおはらえ》だが、それ以外にも何か異常事態があると禊ぎや祓いが行われる。

そのなかで、禊ぎというのは水を体に注いで穢れを洗い流すことだが、オキナガタラシヒメが生んだ御子の場合も、さまざまな穢れが付着していると認識され禊ぎを行おうとする。場所は占いの結果によって決まるので、ここで淡海（近江）、若狭を経めぐって角鹿へ入ったと語るのも、おそらく占いによる判断が働いているとみてよい。そして、もっとも適切な場所と判断されたのが、北の海に面した角鹿だったのである。

神の教えを受けるためのもっとも重要な手続きが、籠もるという行為である。古事記や日本書

日本三大松原の一つ、気比の松原（福井県敦賀市）。

紀に出てくるオキナガタラシヒメの籠もりと神懸かりが示しているように、じっと籠もっているると神が降りてきてお告げを与える。そのお告げは、イザサワケという神が御子の夢に登場するかたちで伝えられる。その名を替えようという神の言葉は、神の要求と言ってもよい。

ところが、この話でよくわからないのは、名を替えようという神の申し出をどのように解釈すればいいかということだ。神の名と御子の名とを交換し合うということか、神の名を御子の名に、あるいは御子の名を神の名に付けるということか、いずれにも理解できそうである。しかも、神の名は直前にイザサワケとあるが、御子の名は生まれて以降、どこにも出てこない（系譜は別）。

タラシナカツヒコ（仲哀天皇）の系譜を確認すると、この御子の名はオホトモワケ（大鞆和気命）、亦の名がホムダワケ（品陀和気命）とあり、御子の腕に弓を射る時に装着する「鞆」という防具のような瘤があったからオホトモワケと名付けたという由来が記されている。それは、王であることを保証するスティグマ（聖痕）と見なすことができるが、以降の伝承にその名は出てこず、禊ぎのあとはもっぱらホムダワケという名で語られている。ということは、誕生とともに名付けられたオホトモワケの名が神に与えられ、その代わりに、ホムダワケの名が神から与えられたと考えれば辻褄は合う。しかし、そのように説明されているわけではないし、系譜と伝承とをそのようにつなぐのは無理ではないかと思う。また、名を替えたあとで神は祝いの品（原文では「幣《まひ》」）を差し上げようと言っているわけで、交換あるいは贈与というかたちで考えれば、名を差し出したのは御子のほうと考えるのが自然だが、そうした記述もない。

どう考えても納得できる説明は思いつかないが、西郷信綱は、ケヒ（気比）の大神という神の名が、カヘ（替）という言葉と響きあってこの話が出ているのだとみて、一種の言葉遊びのように解釈する（『古事記注釈』）。こうした言葉遊び的な音声による古事記解釈は、西郷が時にみせる手法だが、ここはいささか苦し紛れという印象を消し去れない。たしかに、四角四面に考えても解決できそうにないのは認めるが。

ケヒのケは食べ物を意味する「食《け》」で、ヒは神格（霊力）をあらわす語、ケヒというので食べ物をもたらす神をいう。ミケツ大神というのはそれを分かりやすく翻訳したような名前で、「ミケ（御食）＋ツ（〜の）＋大神」だから、ケヒと同じ意味になる。そして、その神の霊力が浜いっぱいに並んだイルカによって示されたわけだ。このケヒ（食べ物の神）は海の幸をもたらす力

イザサワケを祀る気比神宮（福井県敦賀市）。

を示しているが、それは、この地の形状からして当然だといえよう。

西から東へと流れる対馬暖流は、筑前海岸にぶつかって北上し、能登半島のほうに流れてゆく。ところがその一部は、南に折れて敦賀湾に入り込む。すると、いったん南に折れる流れに乗ったイルカは、深く切れ込んだ湾に迷い込んで出口を見失い、敦賀湾の最奥部、気比の浜に乗り上げてしまう。自然の追い込み漁のようなかたちでイルカが獲れるのだ。そのようにして、イルカに限らずあらゆる海の幸をもたらしてくれる神がケヒの大神だということかもしれない。

ところが、イザサワケという名は、そのようには説明できない。その名義は、「イザ（誘う語）＋サ（ほめ言葉）＋ワケ（男神）」かと思うが、それも名を替えようと誘っているところからの連想でしかない。ただ、～ワケという神格をあらわす接辞が、オホトモワケやホムダワケと共通するところからみると、この名が御子と交換して得た名と理解するのはわかりやすい。気比の松原は、三保の松原（静岡市清水区）、虹の松原（佐賀県唐津市）とともに三大松原の一つとして国の名勝に指定されている。現在は東半分は港や火力発電所になっているが、西半分は白い砂と松原が広がる風光明媚なところで、その浜いっぱいにイルカが並べば確かに壮観だろう。そしておそらくここでは、古代からイルカの追い込み漁が行われていたはずだと思わせる。

穢れを受けた御子は、この浜で御禊ぎをすることによって穢れを落とすと、ホムダワケとなって都に凱旋し、母オキナガタラシヒメに迎えられて即位する。この角鹿の仮宮での籠もりと浜での禊ぎは、王の誕生儀礼ということになる。それがなぜ角鹿の地でなされなければならなかったのかというと、ヤマトの王権にとって、そこが政治的にも経済的にも、そしてとくに宗教的にも重要な場所だったからに違いない。

その点に関して中西進は、「大和の王者が出雲の神に参拝するというのは、常套であるが、気比に参拝するというのは、継体天皇が越前出身であるということに、その源があると考えるほかはない」と述べる（『大和の大王たち　古事記をよむ 3』二一六頁）。継体というのは第二六代天皇となったヲホド（袁本杼命）のことで、たしかに北陸の地と緊密に結ばれた天皇であり（この点は後述）、興味深い指摘ではある。

しかし、ここで話題にしているホムダワケは、ヲホドより一〇代以上も前の天皇（大王）であり、説明としては少々無理ではないかという気がしないでもない。しかも、日本書紀によればホムダワケの父にあたるタラシナカツヒコもまた、即位した直後といえる時期に角鹿に行き、行宮《かりみや》を建てて住んだ（二年二月）とあり、角鹿に籠もるというのが王になるために必要な行為であると考えられていた時期があったのではないか。

そのことと重ねて思い出されるのは、平安時代の儀礼書などに出てくる八十島《やそしま》祭という儀礼である。これは天皇の即位儀礼の際に行われるのだが、簡略に説明すると、天皇の衣を筥《はこ》に入れて難波津に持参し、海岸でその筥の蓋を開いて琴の音に合わせてゆらゆらと揺らす（同時に供え物が難波津に投じられる）という儀礼で、衣は天皇にもどされるらしい（岡田精司「即位儀礼としての八十嶋祭」）。

比較的はやく廃れてしまった上に、秘儀的な性格が強いらしく、わからない点も多いが、おそらく穢れを祓う儀礼なのだと思う。当然、穢れが祓われると新しい魂が宿るから、天皇は改めて衣を身につけることによって新たな力を身に宿すことになると考えられたのであろう。その原型のような、あるいは類同の儀礼が、角鹿における御子の籠もりと禊ぎだったのではないか。とすると、後の八十島祭における難波津が果たしているのと同じ再生の場が、古い時代にあっては北の海に開かれた気比の浜であったとみなすことができるのである。

蟹の芸謡

ミケツ大神がもたらしてくれる、もっとも大事なケ（食）は、蟹である。もちろん敦賀（越前）だけではなく、同じ蟹は日本海各地で水揚げされ、一般名称はズワイガニというが、地方によって越前蟹・松葉蟹などいくつもの名をもつ。今、地域ごとにブランド名がついて高値で取引されるのはオスの蟹で、小振りで味も落ちるというメスはセイコ（あるいはセコ、コッペ）などと呼ばれて区別される。そのオス蟹が自ら歌った歌が、古事記ではホムダワケが歌った歌として伝えられている。それにしても、大君になったあとも、ホムダワケは角鹿と深いかかわりを持っていたことを窺わせるのだが、まずはその長編歌謡を鑑賞しよう。

ある時、ホムダワケの大君が淡海の国（滋賀県）へ行く途中のこと、木幡《こはた》村（淡海へ行く途中にある村。宇治の北の辺り）を通りかかった時に、うるわしいおとめと、道が別れるところで出逢った。そこで大君はそのおとめに、「そなたは誰の娘か」と尋ねると、おとめは、「丸邇《わに》のヒフレノオホミ（比布礼能意富美）の娘で、ミヤヌシヤカハエヒメ（宮主矢河枝比売）と申します」と答えた。すると大君はすぐさま、「明日ここを通って戻る時に、そなたの家に立ち寄ることにしよう」と言った。

家に帰ったヤカハエヒメが父に語ると、父のヒフレノオホミは、「それは大君に違いない。畏れ多いことだ。わが子よ、お仕え申しなさい」と言って、その家を飾りととのえて待っていると、明くる日に言葉通りに大君が訪れた。大君のためにあつらえた供え物を出して奉る時、ヒフレノオホミは娘のヤカハエヒメに、大きな酒杯を持たせて大君に差し上げた。

大君は酒杯を受け取りながら歌った。

このかにや　いづくのかに　　（この蟹は　どこからきた蟹）
ももづたふ　つぬがのかに　　（ずっとむこうの　敦賀の蟹）

横さらふ　いづくにいたる
いちぢ島　み島にとき
みほどりの　かづきいきづき
しなだゆふ　ささなみぢを
すくすくと　わがいませばや
［あをはたの］こはたのみちに
あはししをとめ
うしろでは　をだてろかも
歯なみは　しひひしなす
いちひゐの　わにさのにを
はつには　はだあからけみ
しはには　にぐろきゆゑ
みつぐりの　その中つにを
かぶつく　ま火にはあてず
まよがき　こにかきたれ
あはししをみな
かもがと　わがみし子ら
かくもがと　あがみし子に

（横歩きしながら　どこにいくのか）
（いちじ島から　み島に着いて）
（カイツブリのように潜って息をついで）
（上り下りのさざ波の路を）
（すいすいと　わたしがお出ましになると）
（青い旗のような　木幡の道端で）
（お逢いになったおとめ）
（後ろ姿は　小さな盾のよう）
（歯並びは　椎の実、菱の実）
（イチイの生えた泉のそばの丸邇の坂の赤土を）
（上の土は　肌が赤らんでいるし）
（底の土は　どす黒いので）
（三つ並ぶ栗の実の　その中ほどあたりの土を）
（頭を焦がす　火は避けて、とろ火で）
（炒って作った眉墨を　こんなふうに描き垂らし）
（お逢いになったおとめ）
（ああであればと　わたしの思う通りのおとめ子よ）
（こうであればと　わたしの思う通りのおとめ子に）

うたたけだに　むかひをるかも　（心も張り裂けそうに　向かい合っていることよ）
い添ひをるかも　（はだ触れ座っていることよ）
こうして大君とヤカハエヒメは結びあい、生まれたのがウヂノワキイラツコ（宇遅能和紀郎子）である。　（古事記、中巻）

ホムダワケが淡海に出かける途中の道端で出会ったきれいなおとめに求婚し、帰りに立ち寄って結ばれるという求婚譚の一つだが、その結婚の宴席で、喜んだホムダワケが歌ったことになっている。しかし、内容をみると、自分のことを「わ（吾・我）」と言っているのは蟹であり、蟹の歌と考えざるをえない。

その蟹は、どこの蟹だと聞かれて、俺さまは「角鹿の蟹」だと答えるところをみると、今ならさしずめ超高級「越前蟹」ということになる。どこに行くんだと聞かれて、琵琶湖を通って南への道筋を歌うのである。「いちぢ島」や「み島」がどこにある土地なのかは定かではないが、角鹿からヤマトへの道筋をたどって旅をしているとみてよい。おそらく、琵琶湖北端の塩津の辺りから舟で南下したのであろう。そして、木幡村で美しいおとめに出会って脂下《やにさ》がっているというのが前半部分だ。

この歌謡は全体が三段に分かれている。今説明した九行目までの部分が、角鹿の蟹が自らの旅を歌っている部分。最初は問答のかたちになっているが、これは自問自答と考えてもかまわない。まるで、狂言で橋がかりから舞台に出てきて、旅のさまを説明している太郎冠者のような趣向だ。

琵琶湖北端の港、塩津浜（滋賀県長浜市西浅井町）。

そして、その九行目のあと、芸謡として音声を伴って歌われる際には、末尾の四行、すばらしい理想のおとめに出会って胸を高鳴らせている男の様子を歌う。そして次には一〇行目から一八行目に至る第二段を歌い、そのあとにまた、末尾の四行をくり返すという趣向である。

その第二段で歌っているのは、出会ったおとめの容姿のすばらしさである。しかし、よく吟味してみると、ふつうのほめ方とはちょっとずれているのではないかと思わされるような文句が並ぶ。後ろ姿は小さな盾みたいだとか、歯並びは丸いシイの実や角張ったヒシの実が並んでいるとか、そのほめ方にはからかいが混じっているように読める。しかも、大仰な手間をかけて作った赤土製の眉墨をだらんと描き垂らしたというおとめは、美人からはとても遠い面容をしていると思うしかない。

ここで出会ったおとめは、ふつうの美女ではないということだ。後ろ姿は小さな盾だというところから思い当たるのは、蟹だろう。このおとめは、セイコと呼ばれるメスの越前蟹だったのである。そう考えれば、歌われている内容はとても合点がいくはずだ。はるばると旅をしてきたオス蟹が、出会ったセイコの美しさに感極まっている、そんな関係が浮かぶのである。そしてふたたび末尾の喜びの部分を繰り返して二匹の蟹は結ばれて大団円となる。

当時の美人に対しては、「すがる」と呼ばれるジガバチのような腰のくびれを美しいと表現するのが常套的なほめ言葉となる。ところがここでは後ろ姿は「盾」のようにくびれがなくて寸胴だと歌い、歯並びは椎の実と菱の実、丸と四角であまりに不揃い。それに加えて、「此《こ》に描《か》き垂れ」と言って指差した眉の形は、想像するだに滑稽な太い垂れ眉だ。女性の眉の美しさをいう言葉は古代にもいろいろあるが、柳眉とか三日月眉が美しいとされていた。それなのに、盾を背負って背を向けていたおとめ（芸能者）がくるりと聴衆のほうを振り向くと、垂れ眉に不揃いに並ぶ歯を見せて、にっこりと微笑めば、それだけで拍手喝采。おそらく、そのような所作とともにこの歌謡は歌われていた。

滑稽なメス蟹に扮した女形のコメディアンが、格好をつけた男性役の蟹とともに場を盛り上げ、人びとを祝福する。この蟹の歌は、所作を伴い、あるいは楽器の伴奏を受けながら、演じられ歌われた芸謡だった。そのように考えると、歌の背景はわかりやすくなると思う。

万葉集には、「乞食者《ほかひびと》」と呼ばれる芸能者が、やはり動物（鹿と難波の蟹）に扮して歌ったという長歌が遺されているが（巻一六、三八八五、八六番）、この歌謡も乞食者と同様の巡り歩く芸能者が伝えていたと考えられる。ホカヒビトというのは、「ホク（祝福する）＋ヒ（継続の意）＋ヒト（人）」で祝福する者をさす言葉である。そして彼らは、自らが蟹になったり鹿になったりしながら演じている、そのような姿が浮かぶのである。古事記に出てくる丸邇氏の宴席には、角鹿から運ばれてきた蟹が並んでいたかもしれない。

古代には蟹を生で運ぶのはたいへんだったであろうが、活かしたままなら何日かはもったかもしれない。あるいは塩漬けにしたり茹でたりした蟹を運ぶのが普通だったか。とにかく、角鹿の浜から南へと蟹をはじめとした海産物は運ばれており、その道が角鹿から琵琶湖を通って南へと続いていたのである。

敦賀湾から琵琶湖北端の塩津までは二〇キロほど。半日もあれば歩ける距離だ。そこからは船に乗ったのであろうが、琵琶湖にある竹生島、多景島、沖島を横目に、大津に着くと陸路で、あるいは船を乗り継いで宇治川から木津川に入り、山を越えて倭に入ってゆく。むろん、運ばれるのは海産物だけではない。そうした人や物の流れを具体的に思い描かせるという点でも、この歌謡は興味深い。

物語のなかでは、ホムダワケは、見そめたヤカハエヒメと結ばれウヂノワキイラツコが生まれたと語る。しかも、ホムダワケはこの子をもっとも可愛がり後継ぎにしたいと考えていたと古事記は伝えている。ところがワキイラツコは早世してしまったために、オホサザキ（大雀命、第十六代仁徳天皇）が後を継ぐことになった。日本書紀では、オホサザキ（大鷦鷯尊）に位を譲るために自ら死を選んだと記されており、ワキイラツコはオホサザキに殺されたという考え方も根強くある。そのことはここでは措くが、出会ったヤカハエヒメという女性が、丸邇氏の娘とされているのは、角鹿や日本海を考える上では見過ごせない。

丸邇という集団

丸邇（和邇・和珥）という豪族は、古事記や日本書紀によれば、現在の奈良県天理市和爾町に本拠をもつ五世紀の大豪族である。天皇に多くの妃を出して外戚となり、ヤマト王権のなかで大きな力をもったとみられており、先のヒコイマス系譜などによれば、息長氏ともかかわりながら、琵琶湖沿岸から日本海（敦賀）に至るまで勢力を広げていたらしい。後には春日という名でも呼ばれるようになり、同族を称する氏族も多い。

しかも丸邇氏は、経済的、政治的な力が強かったというだけではなく、古事記を読んでいると、多くの伝承に絡んでいることに気づかされるのである。それらを簡略なかたちで紹介すると次のような話がある。

1．ミマキイリヒコ（御真木入日子、崇神天皇）

オホビコが高志の道の遠征に派遣されたとき、タケハニヤス（建波邇安王《そ》）の謀叛が発覚する。そこで天皇は、丸邇の臣の祖ヒコクニブク（日子国夫玖命）を副え、オホビコにタケハニヤスの討伐を命じる。ヒコクニブクの活躍によって敵を追い詰め、その逃げる軍人どもを追い攻めて、久須婆《くすば》の渡り（淀川の渡し場）に追い詰め、逃げ場を失った敵は、その恐ろしさのあまりに屎を漏らして褌を汚したといういささか滑稽な部分のある戦闘譚になっている。

2．オキナガタラシヒメの凱旋場面（ホムダワケと謀叛を起こす庶兄オシクマ）
ホムダワケが角鹿へ御禊ぎに行く理由にもなった戦いで、ここでも、丸邇の臣の祖、ナニハネコタケブルクマ（難波根子建振熊命）が御子方の将軍として大活躍し、腹違いの兄オシクマの軍勢を琵琶湖に追い詰めて討伐する。しかもその時、彼らは「いざあぎ　ふるくまが　痛手《いたて》負はずは　にほどりの　淡海の海に　潜《かづ》きせなわ（さあ、仲間たちよ、フルクマの痛手を負うくらいなら、淡海の海に沈んでしまおうよ）」という、いささか滑稽な歌を残して滅んでいく。

3．后イハノヒメ（石之比売命）の嫉妬譚（山代のヌリノミの家に入った時のはなし）
オホサザキ（仁徳天皇）がある女に手を出したのを知った后イハノヒメは、それを嫉妬して山代のヌリノミ（奴理能美）という渡来人の家に行ってしまう。オホサザキは何とか連れ戻そうとして丸邇の臣クチコ（口子）という人物を使いに遣わすが、なかなかうまく進まないという話で、ここにも何首かの歌が巧みに用いられている。クチコの妹クチヒメ（口比売）も出てくる。

4．オホハツセワカタケル（大長谷若建命、雄略天皇）の求婚譚
大君は、丸邇のサツキノオミ（佐都紀臣）の娘ヲドヒメ（袁杼比売）を妻問うために春日（丸邇氏の本拠のひとつ）に出かけるが、結婚したくないヲドヒメは、大君の姿を見るなり岡のなかに逃げてしまう。そこで大君は、「をとめの　い隠《かく》る岡を　金鉏《かなすき》も　五百《いほ》ちもがも

鋤き撥ぬるもの（おとめが隠れている岡よ、鉄の鋤を五〇〇本ほどほしいよ。すっかり掘り起こしてしまおうものを）」という、やはり滑稽な歌を歌って歎いた。

これらに先ほど読んだ蟹の歌を含めると、古事記の中巻と下巻のなかに伝えられた戦闘や婚姻にかかわる主要な物語の五つに丸邇氏がかかわっているのである。そしてそれらの伝承は、いずれも古事記独特のおもしろさが凝集している話ばかりで、丸邇氏が古事記中・下巻の伝承を支えているようにみえてしまう。一方、日本書紀には丸邇氏の伝承はまったく存在しない。

このことは、丸邇氏が物語中の当事者（登場人物）として存在するだけではなく、物語の管理や伝承に関与していたのではないかと推測させる。というのは、これらの話の結構が似通っており、語りのもつ滑稽性に通底するところがあるほか、歌謡を巧みに利用するといった共通性も窺えるからである。また、3の伝承には、クチコとクチヒメという丸邇氏の兄妹が登場するが、この名付けは、まさに語りの管理者としての側面を象徴しているようにみえる。

そのようなことに最初に気づいた研究者は角川源義《げんよし》であった。彼は角川書店の創業者として知られているが、もとは古代文学や古代史の研究者であり、まだ学生であった一九四二年に『悲劇文學の發生』という本を出している。その「序文」には、大学を繰り上げ卒業させられて学徒出陣する前に遺稿集として作ったと書かれているが、その『悲劇文學の發生』においても、戦後に書かれた論文においても、角川の関心は和邇氏にあり、彼らの伝承とその母胎となった和邇部という集団を追い続けている。

そのなかで角川は、「猨女《さるめ》氏に代って、新しい語部」として出てきたのが和邇部であり、「その同族の小野氏が日本民族の美しい叙事文学の管理者として、活動を開始したのは案外早くからであった」とか、「何故にこの和邇部の伝承が古事記にのみ見えて、日本書紀に記載されていないか。古事記──稗田氏──猨女君──和邇部。この関係を考えずしては説き得るものでない」とかと述べて、古事記の伝承と和邇氏との関係の親密さを強調する(「和邇部の伝承」一九四二年)。そして、古事記における語りの管理者としての和邇氏のあり方を具体的に展開してみせた論文「まぼろしの豪族和邇氏」(一九六七年)では、共通する話型や語り方があるということを指摘し、和邇氏の勢力圏の広がりを見据えながら、倭建命《やまとたけるのみこと》(日本武尊)を和邇氏の英雄として捉え、佐保姫(沙本毘売)の悲話に和邇氏の語りを見いだし、蟹の歌に敦賀や若狭につながる和邇氏の勢力の広がりや歌曲を歌う和邇氏の性格を指摘していったのである。

そうした視点を展開させることで、角川源義は、もっとも早い段階で丸邇(和珥)氏のワニという名が海のワニ(フカ・サメ類)から名付けられたものであり、その名には日本海につながる海の民の属性があることを指摘する(「日本海時代」一九七五年)。こうした発想は、折口信夫《おりくちしのぶ》の弟子として古代の文献を読み込むなかで見いだされたものだろうが、角川の出身地が富山湾に面した中新川郡東水橋町(現、富山市)であったということと無縁ではないと思われる。そのこととかかわるかどうか、一九八〇年代に入って、富山県が音頭をとるかたちで日本海や環日本海地域の文化を考えようとする試みがさまざまなかたちで行われ、実を結んでいったのである。

歴史学のほうでは丸邇氏の名を海のワニと結びつける考え方には否定的だったが、近年では文持する人も多くなっているようだ。そのなかで、氏族系譜の研究者、宝賀寿男が、丸邇氏の名は海のワニをトーテムとするところから名付けられており、彼らは九州北部の、もっと溯れば中国江南地域の海民に起源をもつ一族であったという見解を示しているのは注目される（『古代氏族の研究①　和珥氏』）。

まさに、東シナ海から日本海を股にかけて活躍した海の民、それがワニ（和邇・丸邇）という一族だったと考えられるのである。先に出てきた宗像氏や安曇氏など九州の海民だけではなく、古代ヤポネシア「表通り」に面した海には、それぞれの地域にさまざまな海の民が活躍していたであろうことを窺わせる。息長氏というのもそのような一族であったらしい。

海から訪れた人──ツヌガアラシト

角鹿を訪れた神や人のなかで、ツヌガ（角鹿）という地名ともかかわってどうしても取り上げなければならない人がいる。ツヌガアラシト（都怒我阿羅斯等）である。こちらは、日本書紀のイクメイリビコ（活目入彦、垂仁天皇）の巻に、「一に云《ある》はく」というかたちで引用されている記事で、古事記にはまったく姿をみせない。

ミマキ（御間城）天皇（崇神天皇）の世に、額に角が生えた人が、一つの船に乗って、越の国の笥飯《けひ》の浦に泊《は》てた。ゆえにそこを角鹿という。

「どこの国の人だ」と問うと、「意富加羅《おほから》国（五三二年に新羅に帰属した朝鮮半島南にあった金官国（金海）のこと）の国王の子、都怒我阿羅斯等《つぬがあらしと》、またの名を于斯岐阿利叱智干岐《うしきありしちかんき》という。人伝てに、日本の国に聖帝ありと聞いて仕えたいと思って来た。穴門（現在の関門海峡、下関の辺り）に着くと、その国に伊都都比古《いつつひこ》という者がおり、『吾はこの国の王だ。吾をおいて他に王はいない。ゆえに他の所には行くな』と言った。しかし、その人となりを見るにつけ王ではないと知り、また旅に出た。道を知らないので、島や浦に留まったりして北の海に出て、出雲の国を経てここに着いた」と言う。

この時に、天皇の崩御に遭ったがそのまま留まり、次のイクメ（活目）天皇（垂仁天皇）に仕えて三年に及んだ。ある時、天皇がツヌガアラシトに、「国に帰りたくはないか」と聞くと、「とても帰りたい」と言う。そこで天皇はアラシトに、「お前が道に迷わずにまっすぐ来ていれば、先の天皇に仕えることができたものを。そこで、お前の本国の名を、ミマキ天皇の名を受けて改め国の名にせよ」と仰せになり、赤い絹織物をアラシトに賜い、故郷にお返しになった。その国を彌摩那《みまな》というのは、この縁による。そこで、アラシトは賜った赤い絹を国の蔵に納めたが、新羅人がそれを聞いて兵を遣わし、赤い絹をみな奪ってしまった。これが、二つの国が互いに怨むようになった始めだと言う。（この後には、別の「一に云はく」として、本国時代の話が載せられているが、省略）

（日本書紀、垂仁天皇二年条）

朝鮮半島にあった任那《みまな》がもとは「ミマキ」だったとか、新羅と任那との対立関係に関する説明とか、現代風に言えばフェイクニュースのような内容だが、このツヌガアラシトが辿ったルートは、穴門（穴戸）→出雲→角鹿（敦賀）という対馬暖流に乗った移動であり、本書のテーマを考える上で興味深い。そしてこの道は、先に取り上げた（第三章）、但馬国の出石に入ったと伝えられるアメノヒボコ（天之日矛）と重なっていることに気づく。しかも、ここでは引用を省略した部分には、アメノヒボコの伝承にあった赤い玉を生んだ女から始まるのと類同の、白い玉を巡る話が載せられている。その点で、ツヌガアラシトとアメノヒボコの伝承は、共通する祖型をもって伝えられていたと考えなければならない。

そこからみると、この伝承は事実性という面ではかなりあやふやなものであると言わざるをえない。したがって、ツヌガアラシトとかウシキアリシチカンキとかの名前を分析して、新羅の官位によるとか、王族の祖に由来する名だとか、近似した音を探して説明し事実に近づけようとしても、あまり説得力をもちはしないのではないか。おそらく、それらしく似た音を組み込みながら、「国王の子」らしい人物に仕立て上げていると考えるのがよいと思う。

ただし、そこから、事実ではないからここに語られている渡来譚は嘘っぱちだと言い切れるわけでもない。それとは逆に、アメノヒボコだとかツヌガアラシトだとか、もっともらしい人物の渡来と定住が但馬や角鹿で語られるのは、それらの土地が、海のかなたから見知らぬ人が訪れる場所だと認知されていたからにほかならない。

しばしば見知らぬ人が寄りつき、土地人と交流し交易するのが角鹿であり、表ヤポネシアであった。そこを訪れる者たちは、伝承のなかでは見知らぬ国の王子として、あるいは額に角の生えた恐ろしいバルバロイ（異人）として語られる。その角というのは、じつは飾りのついた甲《かぶと》かも

気比神宮の境内に建つ角鹿神社（福井県敦賀市。ツヌガアラシトを祀っている）。

しれず、異国風の髪形から発想されたのかもしれない。

それにしても、ヤポネシアの表通りは、どこを取り上げても海のかなたから訪れる神や人にぶつかる。それを歴史的に確かめると、高句麗や渤海からの使者の渡来が見いだせるわけだが、そのあたりの問題については章を改め、もう少し北に進んでから取り上げてみたい。

このように確認していくと、魏志倭人伝に記されている邪馬台国への使者の道が、表通り経由であった可能性が大きいことを、改めて実感するのである。

第五章　北へ向かう、北から訪れる――越前・越中・能登

北への旅立ち

角鹿《つぬが》を訪れる者がいる一方で、角鹿から出ていく者たちもいる。ことに律令制度が整備されると、高志国として一括されていた土地は、越前・越中・越後と佐渡に分割され、中央から派遣される国司によって治められ、ヤマトとの行き来は頻繁になる。前にもふれたが、能登国は越前からの分立と越中への併合ののちに、天平宝字元年（七五七）に分立したあとは安定して存続する。小さいながらも対外関係において重要な役割をもっていたからだが、弘仁一四年（八二三）に加賀国が越前から独立したのも同様の理由によるらしい。

北陸道そのものがいつ開鑿《かいさく》されたかは不明だが、八世紀に入るまでには整備されたとみてよい。ただし、陸路は険しいところもあり、物資輸送に関してはもちろん、官人の旅においても海路が利用されることは多かった。次に引く万葉集には、角鹿から船出して北に向かう官人の姿が歌われている。

角鹿の津にして船に乗りし時、笠朝臣金村《かさのあそみかなむら》の作れる歌一首　幷《あは》せて短歌

越《こし》の海の　角鹿の浜ゆ　（越の海の　角鹿の浜から）
大船に　真《ま》梶貫《かぢぬ》きおろし　（大きな船に　立派な梶を装備して）
いさなとり　海路《うみぢ》に出でて　（鯨を獲るという　海の道に漕ぎ出して）
あへきつつ　わが漕ぎ行けば　（息を切らして　我々が漕いでゆくと）
大夫《ますらを》の　手結《たゆひ》が浦に　（男どもが手に巻く　手結の浦に）
海未通女《あまをとめ》　塩焼くけぶり　（海女おとめたちが　塩を焼く煙が立ち）
草枕　客《たび》にしあれば　（草を枕の　旅にいるので）
独りして　見る験《しるし》無み　（独りなので　見る甲斐もなく）
綿津海《わたつみ》の　手に巻かしたる　（海の神が　手にお巻きになっている）
珠手次《たまたすき》　懸けてしのひつ　（玉襷のごと　心にかけて偲んだことよ）
日本《やまと》島根を　（大和の家々のあたりを）

反歌

越の海の　手結が浦を　（越の海　手結の浦を）
客にして　見ればともしみ　（旅路で見ると　心惹かれてしまうゆえに）
日本思《しの》ひつ　（故郷の大和を偲んだことよ）

石上大夫《いそのかみのまへつきみ》の歌一首

大船に　真梶《しじ》繁貫き　　　　　　　　（大きな船に　立派な梶を装備して）
大君の　命《みこと》かしこみ　　　　　　　　（大君の　ご命令をおおそれながらと）
磯廻《いそみ》するかも　　　　　　　　　　（磯をめぐって行くことよ）
右、今案《かむが》ふるに、石上朝臣乙麿《いそのかみのあそみおとまろ》、越前の国守に任《ま》けらゆ。けだしこの大夫か。
（万葉集、巻三、三六六〜三六八番）

この三首を同時の歌とすれば、万葉歌人であり下級官人であった笠金村は、石上乙麿の越前国守赴任に従って越前に行った、その時の旅だというこ《た》とになる。あるいは国内を巡察した時の歌かもしれない。手結が浦（福井県敦賀市田結《たい》）は敦賀湾の東岸に位置し、敦賀（角鹿）の津からはごく近い距離にある。また、越前国の国府は、福井平野南端の武生《たけふ》（現在の越前市）に置かれており、敦賀からはそれほど離れているわけではない。ここに歌われているような大船に乗って行くよりは、陸路をとったほうが早いのではないかと思われる。ちなみに、石上大夫の歌の左注にある乙麿の越前国守の任命については続日本紀には出てこない。乙麿という人物は、八世紀前半のヤマト政界のなかでは重要な役どころにあり、ハニートラップのような事件に巻き込まれて土佐国に流されたりした有名人である。

万葉集の編者は三首を同時の作とみなして並べているが、金村の長歌と反歌は、乙麿とは別の、越前よりも遠くに赴任した時の歌とみなすのがよいかもしれない。その歌に二回も出てくる「日本」は原文の表記であり、「日本」には、北陸道の奥に向かおうとする役人の、国家意識が強調されているようにみえる。
越前国府についてふれておくと、国庁の場所は確定してはいないが、北陸本線の越前武生駅の近辺であったとみて間違いないとされる。その武生で歌われたという、とても魅力的な歌が『催《さい》馬楽《ばら》』という平安時代の流行歌を集めた歌謡集に遺されている。

道の口　武生の国府《こふ》に　（入り口の国の　武生の国府に）
われはありと　親に申したべ　（私は暮らしていると　親に伝えてくださいな）
心あひの風や　さきむだちや　（心通わすアイの風よ　さきんだちよ）

地方官として赴任した夫の任地である武生に従った妻が歌ったとする解釈もあるようだが、しっくりこない。哀愁をこめた歌いぶりに、遊行女婦《うかれめ》と呼ばれるさすらう女性の歌に違いないと、はじめて読んだ学生時代に思い込んでしまった。いささか昭和の歌謡曲風に解釈しすぎかもしれないが。「さきむだちや」は、もとは「さ、公達や」の意味をもっていたのだろうが、『催馬楽』では何首かに共通して使われており、囃子詞になっている。「あひの風」というのは、現在も北陸地方で使われる言葉で、夏に海のほうから吹いてくる穏やかな風のことをいう。越中国に赴任した大伴家持なども歌っている。武生の国府で吹くアイの風は、方向としては北西から吹いてくるので、ちょうど都のほうへ便りが届くというわけだ。北陸道に限るわけではないが、昔はやった「北帰行」のように北に向かうというのはいつの時代もそれだけで哀愁を帯びるものだ。

春を迎えた立山連峰（高岡市、雨晴海岸からの眺め）。

箱庭と立山——都人の風景

越前国守に赴任したのが石上乙麿だとすると、それよりは一世代ほど若い大伴家持が国守となって初めて地方に赴任したのは、隣の越中国であった。天平一八年（七四六）六月のことである。生年が定かではないために年齢は推定だが、三〇歳前後のこととみてよい。往時の権勢は失われているとはいえ、名門大伴氏の頭領であり、成人して最初に就いたのが内舎人《うどねり》という天皇の側仕え、まだ将来への夢を抱いて越中国の守として北陸道を下ったに違いない。その一二年後に因幡国の守として赴任して正月の賀歌を歌った時とは、ずいぶん心境は違っていたはずである（七三頁）。その越中で、家持は五年間を過ごした。

越中国の国府は、現在の富山県高岡市伏木古国府《ふるこくふ》にあり、家持が赴任していた時期は能登国も越中国に併合されていた。この時期の家持は作歌意欲が旺盛で、数多くの歌を詠んでいる。万葉集には四五一六首の歌が収められているが、そのうち家持が作った歌は四七〇首、ずば抜けて多く、そのなかの半数に近い二二三首を越中での五年間に詠んでいる。それだけ越中の風土が刺激的だったと言えるのだろうが、今読んでみると、そこに歌われている風景は、都から赴任した貴族としての目を通したものでしかないと感じてしまう。

そもそも、五・七音の定型音数律によって成り立つ歌というのは、山に囲まれた盆地のなかの大和の地で育《はぐく》まれた貴族たちの表現であって、箱庭的な世界に収まらないと歌にはならないのかもしれない。冬の低気圧に揉まれる日本海や、雪に閉じ込められて身動きできない生活は、歌の題材としては家持といえども、いや家持ゆえに手に余るものだったのではなかろうか。そのために、越中の雄大な風景を歌ってもどこか穏やかな印象が残ってしまう。そのなかでは比較的越中の風景に向き合っていると思われる代表作の一つ、「立山《たちやま》の賦《ふ》一首」と題された長歌と反歌を載せる。赴任してひと冬を過ごした天平一九年（七四七）四月二七日に作ったという左注の付いた、初夏（といっても暦だけの）の歌である。

天離《あまざか》る　鄙《ひな》に名懸《か》かす　　（都から遠く離れた　地で名を轟かす）
越《こし》の中《なか》　国内《くぬち》ことごと　　（越中の　国の内には）
山はしも　繁《しじ》にあれども　　（山というのは　数えきれずあるが）
川はしも　多《さは》に行《ゆ》けども　　（川というのも　たくさん流れているが）

すめ神の　領《うしは》きいます　（立派な神が　支配なさっている）
新川《にひかは》の　その立山に　（新川の地に立つ　その立山は）
常夏に　雪降り敷きて　（夏のあいだも　雪が降り積もり）
帯《お》ばせる　片貝川の　（帯として取り巻く　片貝川の）
清き瀬に　朝夕《よひ》ごとに　（清らかな流れに　朝も夕べも）
立つ霧の　思ひ過ぎめや　（立ちのぼる霧のごと　忘れ去ってしまおうか）
あり通ひ　いや年のはに　（通い続け　ずっと毎年）
外《よそ》のみも　振り放《さ》け見つつ　（よそ目にも　振り仰ぎ見ながら）
万代《よろづよ》の　語らひ草と　（万年もの　語り種にと）
いまだ見ぬ　人にも告げむ　（まだ見たこともない　人にも語り告ごう）
音《おと》のみも　名のみも聞きて　（噂だけでも　名前だけでも聞いて）
羨《とも》しぶるがね　（うらやましがるように）

立山に　降り置ける雪を　常夏に　見れども飽かず　神《かむ》からならし
（立山に降り積んだ雪を真夏に見ても飽きないことよ。さながら神であることよ）
片貝の　川の瀬清く　行く水の　絶ゆることなく　あり通ひ見む
（片貝川の瀬を清らかに流れゆく水のごとく、永遠に通い続けて見たいものよ）
（万葉集、巻一七、四〇〇〇～四〇〇二番）

片貝川というのは立山の北から流れ下り魚津市で日本海に出る。その辺りは、立山をはじめ北アルプスの山々がもっとも美しく眺められるところだ。その片貝川の川辺から初夏の立山を眺めている風景が詠まれている。雄大な山の美しさに息を呑んでいるという感じはわかるのだが、家持が見ているのは、風光明媚な山と川がまさに都の箱庭のように切り取られた、そのような風景にわたしには思えてしまう。この歌からは荒々しい山の姿とか、厳しい冬の寒さといったものはまったく浮かんでこない。家持にはそれを表現する言葉がないのだと思う。

もし、同じ風景のなかに、玄界灘で遭難した荒雄を歌った山上憶良がいたとしたら（三九頁参照）、どのような歌を作ったか読んでみたい気がする。

出現する大王

都の役人たちが北陸道を往来するのは七世紀末以降の、律令制度が確立してからということになるが、その昔、角鹿《つぬが》の蟹とは別に、越前から近江を通って都へと向かった男がいた。ヲホドと呼ばれる人物で、六世紀の初頭、後継ぎの途絶えそうになったヤマトの大王の娘に入り婿のかたちで入り込み、大王になってしまった。のちに継体天皇と呼ばれる人物だ。

古事記には、第一章で取り上げた竺紫《つくし》君石井《いわい》の反乱に、物部荒甲《もののべのあらかい》と大伴金村《おおとものかなむら》を派遣して討伐したという記事を除くと、簡略な即位の次第と婚姻系譜を載せるだけである。

品太王《ほむだのみこ》（応神天皇のこと）の五世の孫、袁本杼命《をほどのみこと》、伊波礼《いはれ》の玉穂の宮に坐して天の下を治めき。（以下、地方豪族の娘との結婚と系譜、省略）意祁王《おけ》（第二四代仁賢天皇のこと）の御子、手白髪命《たしらか》を娶《めと》りて生みし子は、天国押波流岐広庭命《あめくにおしはるきひろには》（第二九代欽明天皇のこと）。（略）この天皇の御子たち、幷せて一九王なり［男七、女一二］。

（古事記、下巻）

一方、ヲホドの出自と即位の次第を、日本書紀はもう少し詳しく記している。

男大迹《をほど》天皇〔またの名は彦太尊《ひこふと》〕は、誉田《ほむだ》天皇の五世の孫、彦主人《ひこうし》王の子なり。母を振媛《ふりひめ》という。振媛は、活目《いくめ》天皇（第一一代垂仁天皇のこと）の七世の孫なり。天皇の父は、振媛が容姿端麗で美しいと聞いて、近江国の高島郡の三尾《みお》の別業《なりどころ》から使者を派遣し、三国《みくに》の坂中井《さかない》に迎え入れて妃とした。まもなく天皇が産まれたが、幼いころに父王は亡くなってしまった。振媛はたいそう嘆き、「私は今、実家から遠く離れ、どうしたらよく子を育てられようか。親を頼って高向《たかむこ》〔越前国の邑《むら》の名〕に帰って天皇を養育しよう」と言った。

（日本書紀、継体天皇巻、即位前紀条）

少しわかりにくいところがあるが、ヲホドの父ヒコウシは近江の高島の地に住んでいたようだ。「別業」とあるので、そこは領地のひとつであり、本拠は別にあったとも考えられる。三尾というのは琵琶湖の北西岸一帯（現在の滋賀県高島市）、北陸道沿いに位置している。そのヒコウシ

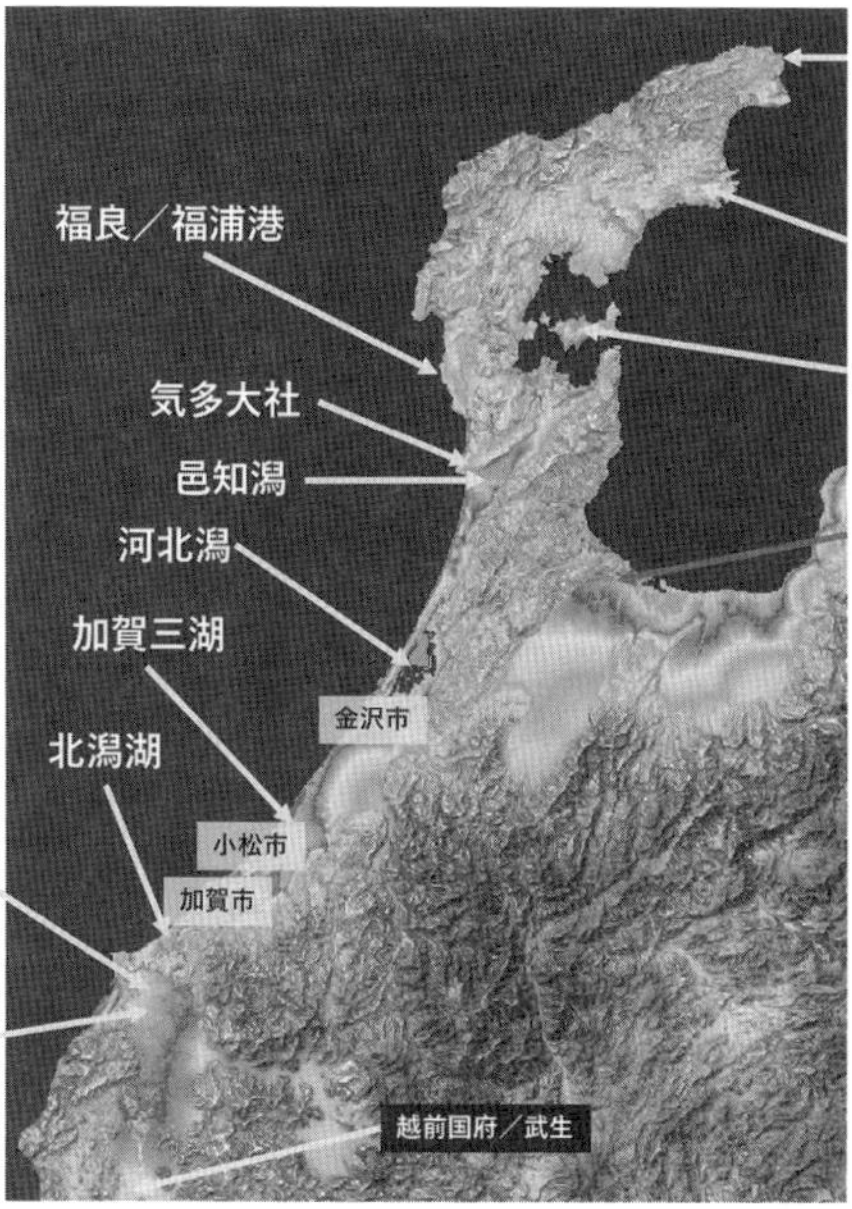

越前から能登、恰好のラグーンがいくつも並ぶ海岸。

が、噂に越前国にいるフリヒメという女性のことを聞いて迎え入れ、ヲホドが生まれる。

ところが、ヒコウシはヲホドが生まれてすぐに亡くなったために、フリヒメは、知らない土地では養育できないということで、実家のある越前の高向に戻ってヲホドを育てたのだという。母方の一族が子の養育に力をもつというのは、古代社会では一般的なことであった。実家のある高向というのは、越前国坂井郡高向郷（『和名抄』）のことと考えられ、そこは「三国の坂中井」（越前国坂井郡）と同じかその近在ということになる。場所として、越前国の東端（福井県あわら市・坂井市の辺り）に位置している。

そのフリヒメはイクメイリビコの七

世孫とあるが、血統としては、ヲホド同様かなり疑わしいというか、ほとんどヤマトの旧王族とのつながりはないとみるべきではないかと思われる。その七世孫のフリヒメと、ホムダワケの四世孫ということになるヒコウシが結婚して生まれたのが、ヲホドだった。

なお、ヲホドの系譜は、古事記や日本書紀では中間が抜けているが、『上宮記《じょうぐうき》』(現存せず、日本書紀の注釈書『釈日本紀』に引用)という書物では、次のような五代にわたる系譜を伝える。

ホムツワケ(凡牟都和気王、ホムダワケのこと)――ワカヌケフタマタ(若野毛二俣王)――オホイラツコ(大郎子、別名オホホド〔意富々土王〕)――ウシ(汙斯王、別名ヒコウシ〔彦主人王〕)――ヲホド(乎富等大公王)

(黒板勝美編『新訂増補 国史大系 釋日本紀』一七二頁に基づき作成)

ワカヌケフタマタに関しては、古事記のホムダワケ系譜にも、「クヒマタナガヒコ(咋俣長日子王)の女《むすめ》、オキナガノマワカナカツヒメ(息長真若中津比売)を妻として生んだ御子」とあって名前が確認できる。宝賀寿男によれば、『上宮記』の系譜の古さは認められるというが(『古代氏族の研究⑥ 息長氏』)、それで、この五代の系譜の信憑性が保証されるわけではない。

しかし、まったく何の理由もなく、越前とヲホドが結びつけられるというようなことがありうるかどうか、あるいはホムダワケとヲホドとのあいだをつなぐきっかけが何もないのにこのような系譜が生じるものかどうか。そう考えると、系譜の背後には、何らかの事実が潜められている

ヲホド（継体天皇）系図（古事記）

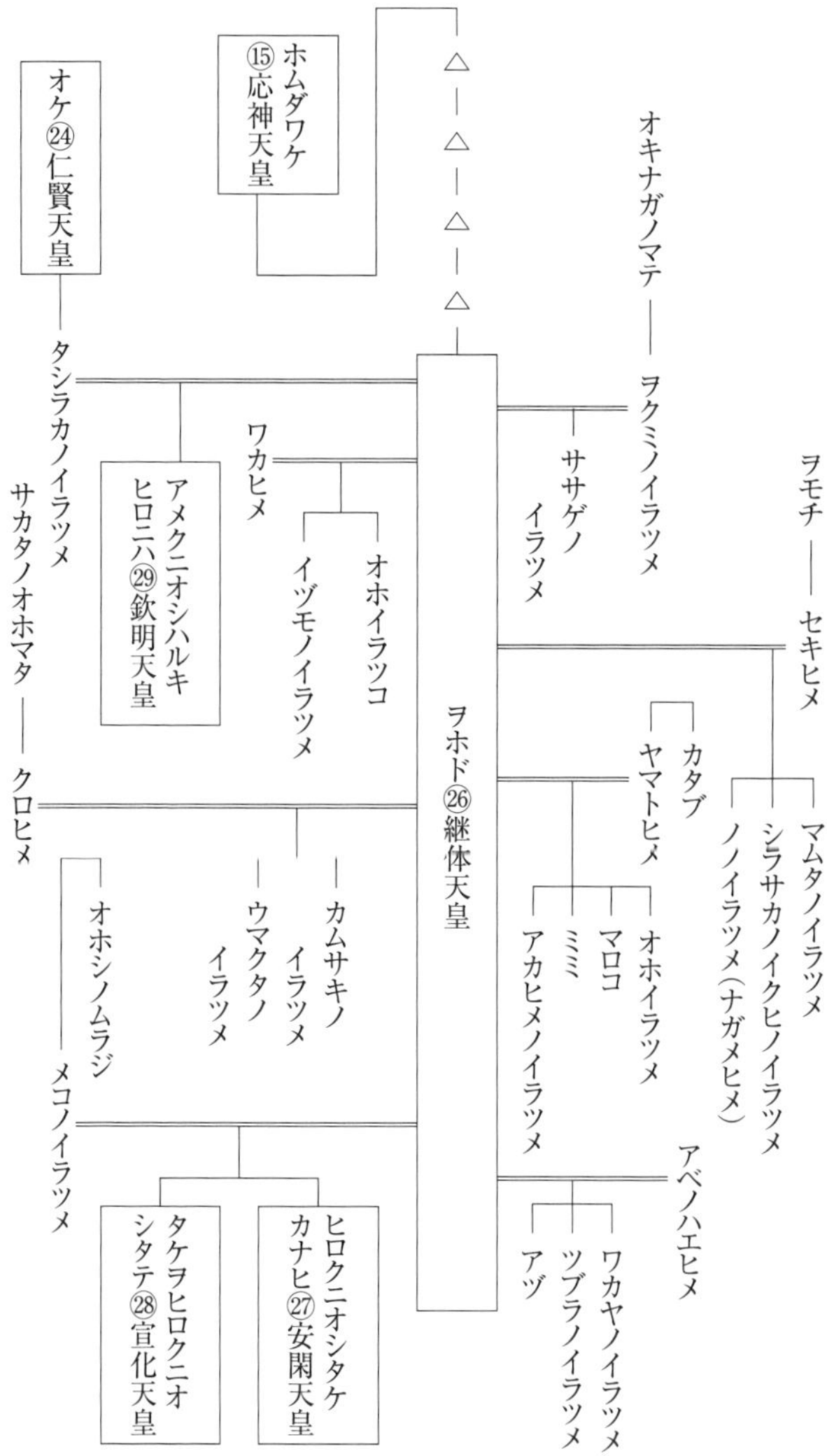

と考えなければならない。

　そこで考えられるのは、ホムダワケは、ケヒの大神との名前の交換や角鹿の蟹の歌謡の歌い手であるという伝えからみて、越前の地とつよく結ばれていたという点である。そして、ヲホドもまた越前に母方の出自と自らの生育の地がつながれているのである。加えてホムダワケにもヲホドにも、近江を本拠とする息長氏の血筋が濃厚に関与していることも指摘できる。

　この二つの共通点は、ホムダワケ・ヲホドの両者と越前との関係を考える上で重要な情報とみなければならない。また、古事記や日本書紀におけるヲホドの婚姻記事をみると、後年のことと考えられるタシラカ（先の天皇オケ〔仁賢天皇〕の娘）との結婚を別にすると、三尾（近江～越前）・坂田（近江）・息長（近江）など、近江から越前に勢力をもつ豪族の娘との婚姻関係を伝えており、それは当然、ヲホドの勢力基盤と重なるはずである。そのなかに、五世紀のヤマト王権において大きな勢力を築いていた丸邇（和珥）氏の娘が加わっているというのも（日本書紀）、ヲホドがホムダワケの子孫とされ、角鹿や越前とつながっていく理由を考える上で、示唆的なこととみてよいのではないか（大橋信弥『継体天皇と即位の謎』）。

　最初のあたりは怪しいとしても、系譜の上では一二六代にわたって続く皇統のなかで、血筋の疑わしい地方育ちの人物が天皇になったというのは、ヲホドのほかには例がない。一応、タシラカへの入り婿という体裁をとることによって血筋の断絶という最悪の事態は回避されているわけだが、その唯一とも言える変則的な血の継承者が北陸から出てきたのには、何らかの必然性があったに違いないと考えるべきだ。そして少なくとも、オキナガタラシヒメとホムダワケという母と子をはじめにもってこなければ誕生しえなかった天皇、それがヲホドだった。

先に、ホムダワケが「気比に参拝するというのは、継体天皇が越前出身であるということに、その源」があるのではないかとみる中西進の見解を紹介したが（一三八頁参照）、そのことをわたしなりに言い換えるなら、ホムダワケとオキナガタラシヒメが越前（角鹿）と強くつながっていたために、ヲホドは越前・近江から出現することができたのである。その地には、ホムダワケにつながる貴種が落ちていると主張できる何かがあったに違いない。

高句麗使の渡来

わたしたちは、古代における朝鮮や中国とのあいだの関係は、ヤマト王権の出先機関である大宰府によって管轄され、九州北部が一手に受け入れていたと考えてしまう。たしかに、ヤマト王権が成立したのちの、国家間の外交関係としてはそう考えるのが正しいとしても、すでにいくつもみてきたように、表ヤポネシアの各地に、海彼との交流や交易の痕跡は見いだせる。しかも、国家間の関係においても、北陸地方は海外の使節が寄りつく場所であった。ことに、高句麗や渤海というロシアおよび中国東北部（満州）から朝鮮半島北部に存在した国々から長細いヤポネシアを訪れるには、北陸地方こそが直近の寄港地だったのである。

高句麗は、すでに紀元前二世紀頃には建国されていたらしく、六六八年に唐・新羅軍によって滅ぼされるまで、八〇〇年以上も続いた。その高句麗の、ヤマトへの使節の派遣は記録の上では新しく、欽明三一年（五七〇）が最初である。新羅や百済は早くからヤマトとのあいだに外交関係を持っているが、高句麗の場合は、地理的にみても、隋・唐や新羅との関係からみても、海を隔てた遠方のヤマトに向き合うのは難しい事情があったのであろう。

しかもその来訪は、越の国への漂着として伝えられている。具体的な地名は記されていないが、漂着とその後の処遇は、高句麗との関係を考える上でも、日本海の役割を考える上でも、たいそう興味深い。少々長くなるが、その到着から帰還までの様子を次に紹介する。一部は要約したが(［　］に入れた部分)、あとはほぼそのまま現代語に訳した。

欽明三一年(五七〇)

四月二日　越の人、江渟《えぬ》臣裙代《もしろ》が京《みやこ》に詣でて申し上げることには、「高麗の使人が風浪に苦しめられて湊を見失い、流れのままに漂流してたまたま到着しました。それを郡司が隠匿していますので、私が知らせに来ました」と報告した。［天皇は、自分の治世中にはじめて高麗が路に迷いながらも命を長らえて訪れたというのは、この国に徳のある政治が行われているからではないかと言い、役人に命じて、山城国の相楽《さがらか》郡に館を建てて迎え入れるように命じた。後日、東漢《やまとのあやのあたい》直糠児《ぬかご》と葛城《かずらき》直難波を担当者に任じ、館に迎える準備をさせた］

五月　膳《かしわで》臣傾子《かたぶこ》を越に派遣して、高麗の使人を饗応した。それで大使は、膳臣が天皇の使だということを悟った。そこで道君《みちのきみ》に、「汝は天皇ではない。やはり私が疑っていた通りだ。それ汝が膳臣を拝み迎えたのを見て、はっきりと百姓(民)であるということがわかった。それなのに、私をだまして、調(貢物)を受け取って自分の物にしてしまった。すぐに返せ。あれこれ弁解などはするな」と言った。それを聞いた膳臣がお伴に命じて品物を探索させて、すべてを大使に返却し、自らは京にもどって天皇に報告した。

七月一日　高麗使は近江に到着した。この月に、許勢《こせ》臣猿と吉士《きし》赤鳩《しのあかはと》とを遣して、難波津から淀川を溯って船を狭狭波《さざなみ》山に引き越して、飾り船として装いを整えて琵琶湖に入れ、近江の北の山に迎えさせた。そして、ついに山背《やましろ》の高槭《こまひ》の館に引き入れ、東《やまとの》漢《あやの》坂《さかの》上《うえの》直《あたい》子麻呂《こまろ》・錦《にしごり》部《べの》首《おびと》大石を遣して護衛とし、そこからさらに高麗の使者を相楽の館に迎えて饗応した。

欽明三二年／敏達元年（五七二）［四月欽明天皇没、同月三日敏達天皇即位］

三月　高麗の献物と「表」を未だ奏上できないまま数十日経過。良い日を占って待つ。

五月一日（敏達）天皇が皇子や臣下に、「高麗の使人は、今どこに居るか」と尋ねると、相楽の館に在りと言う。天皇は、それを聞いて憂えて、「悲しいことよ。すでに父天皇の時に報告されていたというのに」と言い、すぐに臣下を相楽の館に遣わし、調物を調べ記録して京に届けさせた。

一五日［天皇は、高麗の「表」を受け取り、大臣に渡し、史《ふひと》たちに解読させた。ところが三日経っても誰も解読することができなかった。すると、船史《ふねのふびと》の祖、王辰爾《おうじんに》が読み解いたので、天皇と大臣が大いに誉め、側近として仕えるように命じた。また、学問を怠っていた史たちを諌めた。高麗の「表」は烏の羽に書かれていたのを、辰爾は湯気を当てて絹に羽の字を写し取って読解したのである］

六月　高麗の大使が副使らに言うことには、「先帝の時、汝たちは私の考えと違い、騙されて勝手に国の調を卑しい者に与えてしまった。これは汝らの過失である。これをもし我が国の王がお聞きになれば、必ずや汝らを誅殺なさるであろう」と。［副使らは、それを聞いて相談し、大使を殺すことにした。ところがその計略が漏れて大使は逃げるが、中庭で、次々に襲ってきた四人の賊に殺されてしまう。次の朝、接待役の東漢らが理由を尋ねると、副使らは、「天皇が大使に下された女をお受けしなかった。無礼が甚だしいので天皇のために我々が大使を殺した」と言った。役人たちは、礼に従って大使を葬った］

七月　高麗の使人が帰国した。

高句麗（高麗）の使者が漂着した場所が「越」のどこであったかは書かれていない。ただ、報告に来た「江渟臣裙代」とあるのは江沼臣のことで、彼らは越前国江沼郡を本拠とし、『先代旧事本紀』に江沼国造と呼ばれる在地豪族であったと考えられる。現在の石川県加賀市の辺りだが、一族の者たちは江沼郡の大領などを務めており、この地域の有力者であったのは明らかである。

一方、自分が天皇だと名乗っていた郡司というのは、五月の記事に出てくるように道君のことで、彼らもまた越前国加賀郡や石川郡（金沢市・小松市の辺り）の郡司として名のみえる豪族である。『先代旧事本紀』に高志国造とされる一族で、江渟臣も道君も、越前国北部（九世紀になって越前国から江沼郡と加賀郡とを分割して加賀国とした地域）の古い豪族だったのである。このことから考えると、使者の船が泊てたのは加賀郡の辺りということになり、現在の河北潟（金沢市）周辺とみてよかろう。

この事件には、高句麗の使節団が泊てた土地の豪族間の対立が絡んでいたことがわかるのである。その一方の当事者である江沼臣が、うまい具合に高句麗使に取り入った道君の不届きを朝廷に訴えたのである。どうやらその背景には、隣り合って勢力をもつ二つの豪族のあいだの古くからの遺恨や軋轢があったとみえる。したがって、日本書紀には漂着したとあるが、はじめから河北潟を目指してやってきたと理解したほうが、高句麗からの渡来としては考えやすい。

緊迫する新羅との関係があって、朝鮮半島東岸を南下するのが難しいという政治的な状況にあったかもしれないが、数年前の欽明天皇二六年(日本書紀)には、高麗人の頭霧唎耶陛《つぶりやへ》らが筑紫《つくし》に渡来したので山背《やましろ》国に住まわせたという記事があったりするのをみると、高句麗から北九州への航海は技術的にはまったく問題はなかったと考えられる。そういうなかで、高句麗使が越の湊に入るというのは、漂着というよりは計画通りとみたほうがいいように思われるのである。

高句麗の使者は、第一回の使者が帰還した翌年、敏達二年五月にも「越海の岸」に到来する。そこには、「船破れて溺れ死ぬる者衆《おほ》し」とあるので漂流した可能性は否定できないが、同じ泊《とまり》にやって来るのだから、漂流というのも本当かどうかは疑わしい。それに対して、頻繁に路を迷うことに疑いをもった朝廷は、彼らを饗応せずに「放還」することにした。そして、吉備海部《あまべ》直難波に命じて高麗使を送り返す使に任命する。ところが両者は疑心暗鬼の状態であったらしく、難波と高麗使が相談し、難波の船に高麗使の二人を、高麗の船には難波の部下の二人を交換して乗せて船出する。

ところが数里ほど沖に出たところで、難波は、自分の船に乗った高麗使二人を海に投げ入れて戻り、天皇には、大きな鯨に襲われて呑まれそうになったので逃げてきたと報告する。ところが翌年五月、またもや高麗の使人が越の海の岸に来航する。そして、七月に京に迎えられた使人の言により、前年の難波の悪行が発覚し罰せられるというような出来事も起こっている。

その後も、六六八年に高句麗が滅亡するまでのあいだに、使者の派遣は九回に及ぶ(僧の渡来や新羅使らとの来朝、および滅亡の後に新羅の傀儡政権となった高句麗の朝貢については除外)。その九回のうち、越を経由したと明記されているのは四回(右にふれた三回と天智七年〔六六八〕七月)、筑紫を経由したと考えられる「難波津に泊つ」というのが一回(皇極元年〔六四二〕二月)で、あとの四回はどこに着いたかは記されていない。ヤマト側としては当然、対外窓口は筑紫(難波)に一本化したかったはずだが、高句麗に関しては、使者を受け入れるための相楽の館を準備しているところなどからみて、日本海経由の北回りルートを容認せざるをえなかったのではないかと思われる。

相楽の館については場所などの詳細はわかっていないが、山城国相楽郡にあったのは明らかで、そこは、琵琶湖から巨椋《おぐら》の池を通って木津川を溯った辺り、奈良山を越えればヤマトという場所である。おそらく、越の泊(河北潟あたり)から南下して角鹿(敦賀)に至り、北陸道をのぼって琵琶湖北岸から船で南下し、宇治川を下って巨椋の池を通って木津川に抜けて館に入るというルートであった。その道は、先に紹介した角鹿の蟹が旅した道と重なる。そのように考えれば、朝鮮半島から入る文物は、筑紫に限定されるものではないということは明らかになるはずだ。そして、このルートは、その後の渤海使の渡来ルートとして受け継がれてゆく。

話題をそちらに移す前に、道君（高志国造）と江渟臣（江沼国造）という越の豪族についてふれておきたい。この両者の、高麗使に対する対応の違いには両者の対抗関係が潜められているらしいことは先ほど述べたが、そこには、経済的な面での、朝鮮半島北部・中国東北部からシベリア沿岸地域との交易や人的交流が関与しているのではないかと勘繰ってみることもできる。江渟臣が道君の行為をヤマトに密告したのには、郡司としてのヤマトに対する忠誠心というのとは別の、道君との利害関係の衝突といった背景を感じるからである。その点に関して、石川県をフィールドとする考古学者の小嶋芳孝は次のような興味深い見解を表明している。

大和の大王は百済重視政策をとっており、欽明一一年〔五五〇〕には大伴狭手彦《さでひこ》が百済軍とともに高句麗軍と戦い、また、欽明二三年〔五六二〕八月には、ふたたび大伴狭手彦が高句麗に攻め入って、高句麗と大王との間は良好な関係ではなかった。しかし一方では、欽明五年〔五四四〕に粛慎《しゅくしん》が海を渡って佐渡に来着したという記事が『日本書紀』にあるように、道君をはじめとする日本海側諸地域の王が、独自に対岸の高句麗や粛慎など北方民族と交渉をもち、ある時点では、九州の磐井《いわい》のように〔磐井の乱〕、大和の大王と対峙するような局面のあったことが推測できる。高句麗との血生臭い交渉史が物語っているのは、反大王勢力と結びついていた高句麗が、大王と国交を結ぶに当たって生じた混乱を反映したものと思われる。

（「高句麗・渤海との交流」）

一つの海を挟んで存在する人びとのあいだには、小嶋が指摘するようなヤマトを介さない独自の交易や流通が古くから行われていたと考えるのが自然なのではないかと思う。そうした旧来の高句麗との独自の関係が、ヤマトの大王によって列島支配が独占されていく段階になると軋轢を生じさせたのである。こうしたあり方は、律令国家が権力を独占し地方を収奪する過程において、あちこちで起こっていたのではなかったか。それは、表ヤポネシアの側からみれば、山陰道、北陸道によってヤマトへと統一され訓化されていく過程と見合うものであった。そしてそのように考えると、それぞれの地域の豪族たちの独自性は、かなりのちの時代まで保持されていた可能性があるということを示しているようにも読めるのである。

粛慎と呼ばれる人びと、沈黙交易

小嶋芳孝が指摘している粛慎の記事というのは、次のようなものである。何度か出てくるうちのもっとも古い事例である。

（欽明五年）一二月に、越国が言うことには、「佐渡島の北の御名部《みなべ》の碕岸《さき》に、粛慎《みしはせ》の人がいて、一艘の船に乗って留まっている。春夏のあいだは魚を捕らえて食いものにしていた。その島の人は、人ではないと言い、また鬼魅《おに》なりと言って近づこうとしない。（以下、略）

（日本書紀、欽明天皇条）

粛慎というのは古代中国の歴史書（『史記』『後漢書』『晋書』など）にしばしば登場するが、中国東北部（満州）からシベリア辺りに居住した狩猟民で、ツングース系の人びとと考えられている。一方、日本書紀に何度か出てくる粛慎は「みしはせ」と訓まれているが、中国史書に出てくる時代からはかなり遅れるので、時代的には重ならない。そのために、同一の民族を指しているとも、日本書紀の粛慎はオホーツク人やシベリアの少数民族を指しているとも言われ、定かではない。いずれにしろ、蝦夷地（北海道のこと）や北陸・東北地方には、北方系の人びとがしばしば到来していたのは明らかなことである。そして、彼らとのあいだに、沈黙交易の痕跡を示すのではないかとみなせる描写が出てくるのは興味深いところである。簡略に紹介してみよう。

船二〇〇隻を仕立てて阿倍臣（阿倍引田比羅夫《あへのひけたのひらぶ》のこと）を粛慎征伐に派遣した。阿倍臣は、陸奥の蝦夷を自分の船に乗せて、大河（岩木川か）のほとりに行くと、渡島《わたり》（蝦夷地か）の蝦夷千人が河向こうの海のほとりに集まり野営していた。そして、うち二人がこちらに向かって叫び、粛慎の船がたくさんやってきて自分たちを殺そうとするので、そちらにお仕えしたいと言う。そこで船を出して、その者を召して賊の隠れ場所と船の数を聞くと、場所を示し船は二〇隻と言う。そこで使者を派遣して召し出そうとするが、来ようとしない。阿倍臣は、海のほとりに絹や武器や鉄など並べ置いた。すると、羽を木に掲げて旗にした粛慎の船がやってきて浅瀬に泊め、一艘の船から老人二人が降りてきて積まれた品々を吟味した。そして、単衫《ひとえ》を取って着替え、それぞれ布一端をもって船に戻った。ところがしばらくすると、老人は戻ってきて、着た着物を脱ぎ置き、布も置いて戻ってしまった。阿倍臣は船を遣して呼び出したが応じず、弊賂弁島《へろべ》（渡島の一部）に戻ってしまった。しばらくすると相手は和解を申し出てきたが、阿倍臣は許さなかった。（粛慎は）自分たちの作った柵《き》を守りとして戦った。その戦闘で能登臣馬身竜《まむたつ》は敵に殺された。その戦いが続くなかで、敵は敗れ、自分たちの妻子を殺してしまった。

（日本書紀、斉明六年［六六〇］三月）

最後のあたりは記述が曖昧で、阿倍臣に都合のいい内容になっているような印象を与える。実際のところは、戦闘になって阿倍臣方が苦戦を強いられたが、その最中に粛慎の人たちは引き上げていったというようなことではなかったかと想像できる。そして、戦いの勝敗よりも関心を向けたいのは、海岸にさまざまな品物を並べて置くと、敵対する意志のないことを示す旗を掲げてやってきた粛慎人が、品物を吟味し気に入ったものを持ち帰るという、まるで沈黙交易ではないかと思わせる交流をしているところである。

おそらくそれは、「陸奥の蝦夷」と粛慎人とのあいだに成り立っていた交流のかたちであろう。阿倍臣の船に乗船した蝦夷の提案か、殺されたという能登臣のアドバイスによって試された接触方法だったとみられる。しかし、その交渉はうまく運ばなかった。

ここから考えると、いかなる種族かはわからないが、粛慎人は、以前から交易のために海を渡って蝦夷地や東北・能登を訪れていたとみるのがわかりやすい。そうすると、欽明五年に佐渡島の御名部というところに来たという粛慎も、土地の人びとは近づかなかったとあるが、目的は交易だったのではないかと想像することができよう。道案内のためだろうか、阿倍臣の遠征の船に同乗した能登臣という在地豪族もまた、道君や江渟臣と同様の存在で、じつは彼らは、海のかなたから訪れる人びとと交流する人たちだったと思われる。そのようにみなすことで、阿倍臣に請われて能登臣が船に乗っているというのも理解できる。

渤海使の往来

六六八年に高句麗（高麗）が滅亡したあと、その地域に新たな国が興る。渤海と呼ばれ、六九八年に建国され九二六年に滅ぶまで二百数十年のあいだ存続し、ヤマトにもしばしば使節が訪れた。船が出る湊は、現在の北朝鮮から国境を越えてロシアに入ってすぐの塩州というところにあり、今はクラスキノと呼ばれている。そこから、帆走を主動力として南に出航するのだが、「五〇回を越す日渤間の航海を調べてみますと、二、三の例外はあるもののそのほとんどは、渤海から日本に渡るのは秋から冬、日本から渤海へ渡るのは春から夏となっており、明らかに季節風を利用した航海」であったと考えられている（上田雄《たけし》『渤海史の研究』）。

渤海が日本に派遣した船は、続日本紀以下の歴史書の記録によると、七二七年（神亀四）から九二二年（延喜二二）のあいだに三五回にも及ぶことが、小嶋芳孝によって調査されている（「高句麗・渤海との交流」）。それによると、三五回のうち到着地が判明しているのは三〇回で、その内訳は次のようになる（一七九頁の地図も参照）。

東北以北　七回（出羽六回　蝦夷地一回）
北陸地方　一二回（佐渡一回　能登三回　加賀四回〔立国前の越前国江渟郡・加賀郡への到着を含む〕　越前三回　若狭一回）
中国地方　一〇回（但馬一回　伯耆二回　出雲三回　隠岐三回　長門一回）
九州地方　一回（対馬）

すべてが表ヤポネシアだというのは当然だが、まさに風任せというのがよくわかるばらつきである。ただ、そのなかでは北陸から出羽（秋田・山形県）にかけての日本海沿岸地域がほぼ三分の二を占める。また、残り三分の一にあたる一〇回が中国地方だというのも注目されることで、環日本海という言葉が国境を越えたつながりを有していることが、現実味をもって感じられる分布である。

日本海沿岸に外国の使節が到着すると、当然、船は到着地に留め置かれ、北陸や出羽に着いた船は、それぞれの国で管理する。そして、天皇に謁見するために京に行く場合には（そのまま返されることもあった）、高句麗使の場合も同様だが、角鹿（敦賀）を経由して平城京あるいは平安京に行くことになっていたらしい。また、渤海使が帰る場合には、当然、船が留め置かれた日本海側の湊から出航する。

このようにみると、近代には「裏日本」と呼ばれる日本海側こそが、対外関係の表通りであり

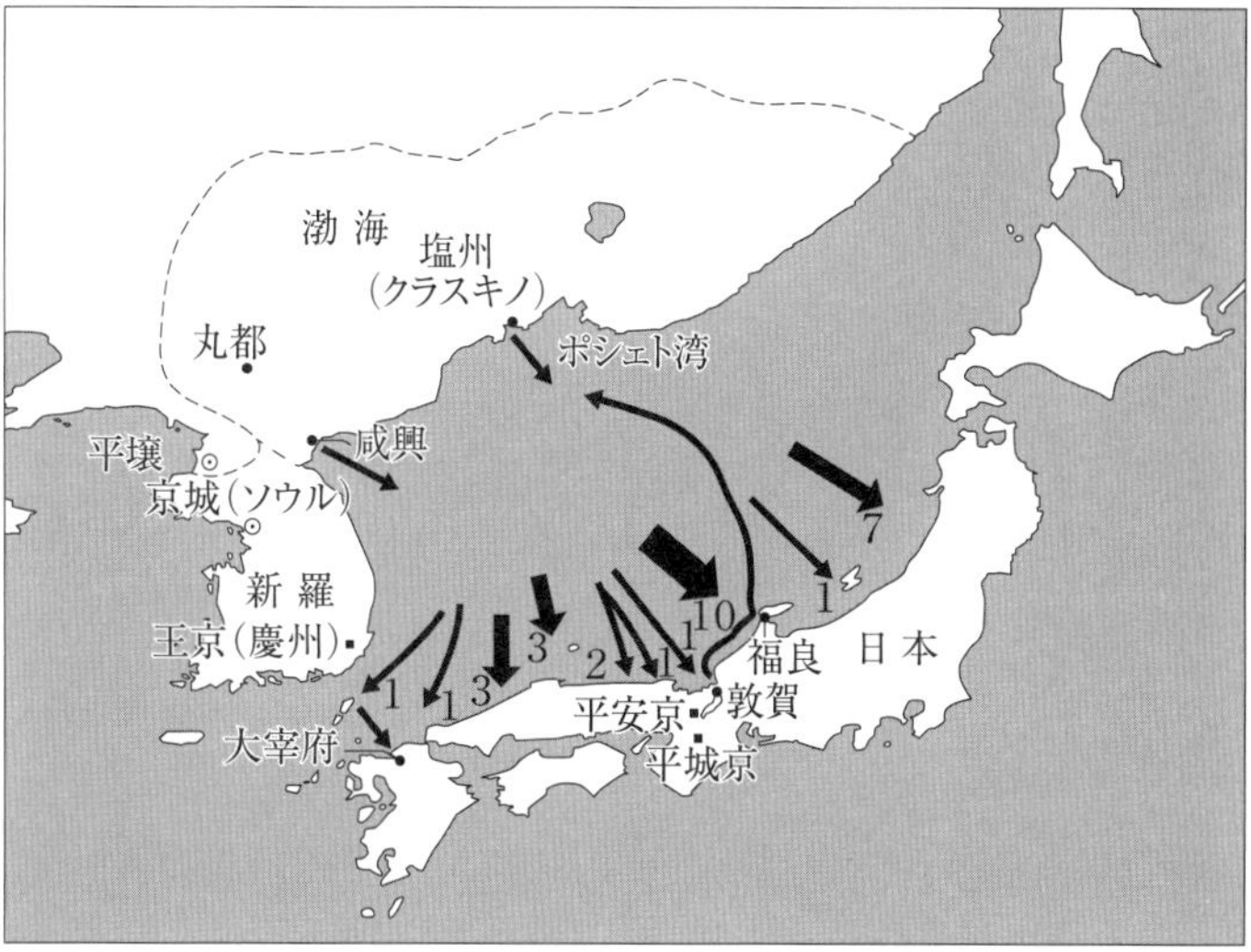

渤海使の到着地。数字は到着回数（『海と列島文化１』203頁より）。

表日本であったことがよくわかる。

　第一回の使節が出羽国に到着した神亀四年（七二七）の続日本紀の記録によれば、九月二一日条に、「渤海郡王の使の首領高斉徳《こうせいとく》ら八人、出羽国に着く」とあるのだが、彼らは一二月二〇日に平城京に入り、二九日には衣服や冠・履《くつ》などを賜り、五年（七二八）正月三日に実施された朝賀に参列し、初めて天皇に謁見した。

　その時の、一二月二九日の記事によると、渤海王は、高仁義ら一行二四名を使者として派遣したが、「蝦夷の境」に到着した際に、「仁義以下一六人、並びに殺害されて、首領斉徳ら八人僅《わづ》かに死ぬることを免れて来れり」と記されている。そして、朝賀に出た一行は、王の書を天皇に献上し、位や当色服（位に応じた色の衣）などを賜ると、二月一六日には引田《ひけた》朝臣虫麻呂が送渤海使に命じられ、四月一六日に斉徳ら八人にさまざまな品が与えられ、渤海王への返書が託されて、六月五日「拝辞す」とあって出発の挨拶をした。その後、敦賀へ戻った一行は、送使に命じられた引田朝臣虫麻呂とともに船出したと思われる。詳細は不明だが、送使となった虫麻呂が二年後の天平二年（七三〇）八月二九日に帰朝したと続日本紀に記されているので、無事に任務を果たしたようだ。なお、敦賀には九世紀前半頃から渤海使のための施設として松原客館が設けられていた。場所など詳細は諸説あって定かではない（川村俊彦「古代敦賀津と松原客館について」）。

そうしたなかで、能登半島中部の西海岸に位置する福浦《ふくら》港（古くは福良津、石川県羽《は》咋《くい》郡志《し》賀《か》町《まち》）がもっとも頻繁に利用された港ではなかったかと上田雄は述べている（「渤海史の研究」）。到着地については能登・加賀・越前という国名でしか書かれていないが、そのほとんどは福良港だったろうと考えるのである。というのは、時代は下るが、『日本三代実録』には、渤海使の帰る船を、羽咋の福良泊《とまり》の山の木で造るので、伐損するなという勅令が出されており（元慶六年［八八二］一〇月二九日）、この港で、渤海使船の造船や修復などが行われていたと推定できるからである。次頁の地図と写真からわかる通り、福良港は天然のドックのような入り江になっている。

ちなみに、船の大きさや形式などについてはわからないことばかりだが、渤海使船に関して上田雄・孫栄健『日本渤海交渉史』に興味深い推測があるのでふれておく。そこには、渤海使の渡来三四回、送（遣）渤海使一五回、非公式な番外三回とされ（一五六頁）、使節の人数が、八〇〇年頃を境として前半期と後半期とでは明確に差があるが、それは船の大きさが違うからだと推測する。そこから、船の大きさを次のように想定するのである。

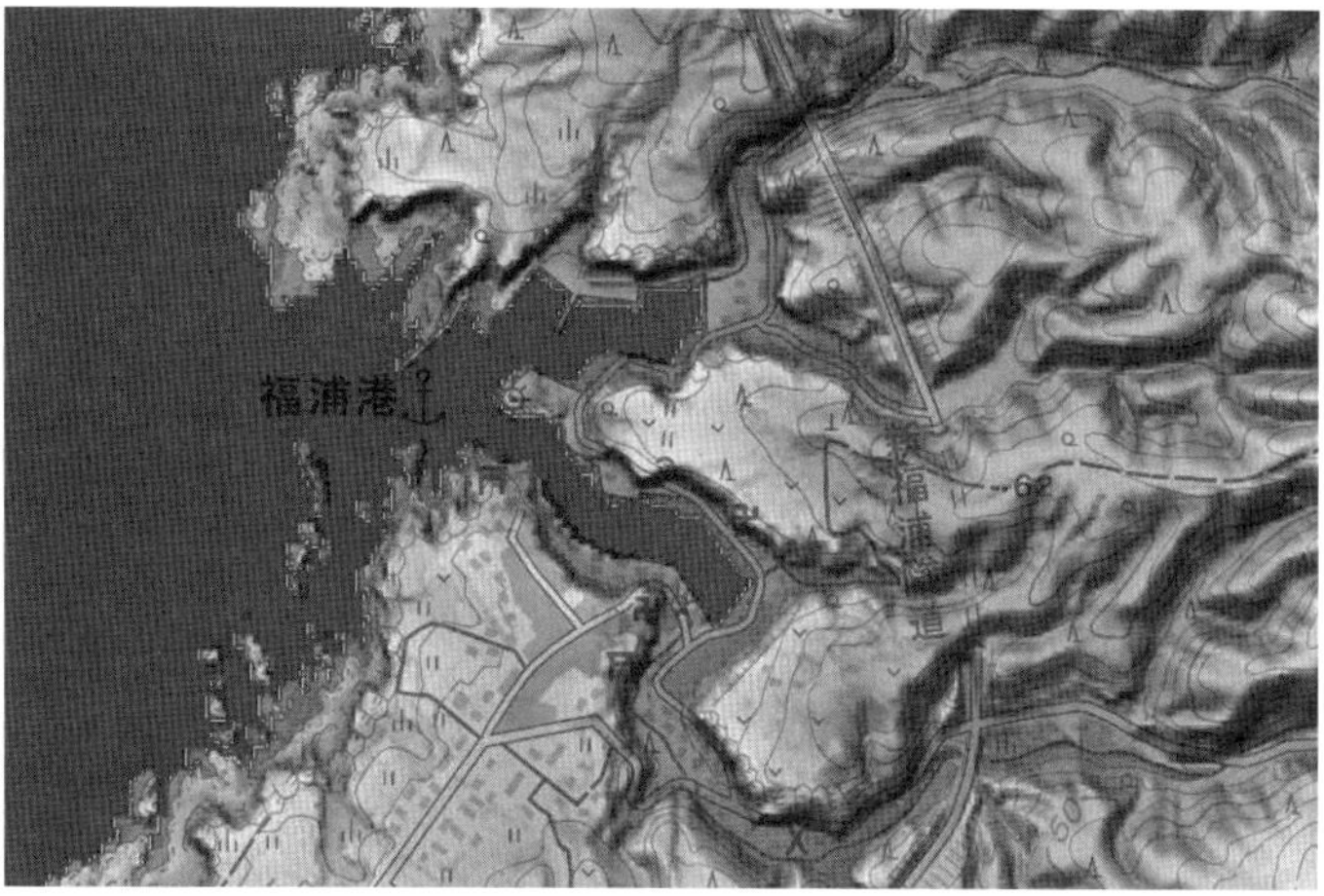

能登半島の福浦港（石川県羽咋郡志賀町）。

能登客院があったとされる福浦。Y字型をした天然の良港で奥が深い。

後半期の渤海使の人数が百人ないし百五人と定量化されてきているのに対して、前半期の渤海使は使節によって人数のバラつきが多く、概略三〇人から六〇人が一隻ないし二隻の船に乗ってきていること、そして一隻あたりの乗船人員のマキシマム（最大）は七〇人までのようであることである。（略）前半期の三〇人ないし六〇人が乗り組んだ船は、長さ20メートル、幅7～8メートル、総屯数100屯ぐらいの船と想像することができる。（略）それに対して後半期の百人余が乗り組める船は、それよりも一廻り大きい総屯数200屯程長さは25～30メートル、幅10メートルぐらいの船を想像すれば、当たらずといえども遠からずというところであろう。（一六八頁）

後半期の船の大きさは、遣唐使船などと同じ程度だったという。また船の修理や造船は、福良港のほか、帰国の際の主要な出港地である越前国の敦賀あるいは三国、渤海使が着岸することの多い加賀国でも行われていたらしい（同前書、一七一～二頁）。ということは、能登地域はもちろん、北陸地方の港は、いずれも相当に高度な造船技術を持っていたことが窺えるのである。

日本海に長く突き出した能登半島は、地図をみれば理解できるように、季節風と対馬暖流に乗って航海してきた船には恰好の停泊地であるとともに、造船や修理も可能な場所であった。しかも、能登丘陵の背後には、立山連峰をはじめとした高い山々がランドマークとして聳えているというのも忘れてはならない。それゆえに、敦賀の松原客館とは別に、場所は明らかになっていないが、平安時代には能登客院と呼ばれる渤海使を迎える施設（迎賓館）も作られていた（『日本後紀』延暦二三年［八〇四］六月）。おそらく福良津にあったと考えてよかろう。

第一回の悲惨な事件にもめげず、頻りに使節を派遣してくるというのは、政治的な事情ももちろんあったはずだが、それ以上に、交易などによる経済活動という面も強かったに違いない。入京を許されない場合もしばしばあったが、それでも到来するのには、そうした理由が存したはずである。いずれにしても、活発な交流が行われていたのは明らかである。

加えて、公式の使節とは別に、交易のための船などが相互に往来していたという可能性も大いに考えられる。それは、高句麗などの場合も同じであろうし、西日本の表ヤポネシアと新羅とのあいだにも、そうした直接的な交流を考えてみなければならないということは第二章で述べた通りである。つねに、異域との交流は、公式ルートだけではないというのは、いつの時代でもどことの関係においても同じだったと考えなければならない。そうでなければ、中世になって倭寇と呼ばれる海賊が出てくることなどありえなかったはずだ。

先にもふれたが天平宝字元年（七五七）の能登国の再独立には、渤海との外交関係に対応するという事情も考慮されたのではないか。国庁の場所は確定していないが、現在の七尾市古府のあたりに存した。七尾湾の南に位置し、富山湾に面した静かな入り江で、越中国府にもほど近い場所である。ただし、海のかなたの船が着くのは、反対側の西海岸であった。

真脇遺跡で発掘された環状の木柱の復元。

高句麗式の構造をもつ須曽蝦夷穴古墳。

能登のはやり歌

地形からみて能登半島では、海を中心とした生活が行われていたと考えられる。内陸は船材を伐り出す山間地ばかりで、集落はラグーンや入り江に面した海沿いにしかできない。よく知られた縄文時代の真脇遺跡（鳳珠《ほうす》郡能登町、前頁写真）では、大量のイルカの骨が発掘されており、地形を利用した追込み漁が長年にわたって継続されていたことがわかっている。出てきたイルカの骨に石の槍の先端が突き刺さっている例もあり、突取り漁が行われていたようだ（能登町真脇遺跡縄文館編『新図説　真脇遺跡』）。また、半島の先端に位置する珠洲《すず》という地名が、出雲国風土記に残された「国引き」詞章の「都々《つつ》の三埼」のツツのことだろうというのは第二章で指摘したが、海を通して出雲とのつながりが緊密であったことは、次章で改めて考える。

能登半島の北に浮かぶ舳倉《へくら》島を含めて、能登は海女の活動圏としても知られているが、それは西のほうからずっと対馬暖流でつながる伝統であり、能登半島が海民の世界であったというのは疑う余地はない。それは、高句麗や渤海の使節の往来にもかかわっていたはずである。

高句麗といえば、七尾湾にある能登島には、須曽蝦夷穴《すそえぞあな》古墳と呼ばれる横穴式の古墳がある（七尾市能登島須曽町、七世紀中期、前頁写真）。この古墳は、二つの石室が並んでいるのだが、その築造形式から高句麗式の古墳と見なされている。被葬者などは明らかになっていないが、高句麗からの渡来人が葬られていたとしてもいっこうに不思議ではない。あるいは、高句麗の文化に影響を受けた土着豪族の墓と考えることもできるだろう。

また、珠洲市には、鈴内横穴古墳群（珠洲市若山町鈴内）、岩坂横穴古墳群（珠洲市岩坂町）

など多くの横穴式古墳が存在することで知られている。六世紀から七世紀後半に至る時代に造られたものが多いようで、いずれも飯田湾に面した丘陵地に作られている。横穴古墳というのは、北九州から出雲地域を経て、日本海沿岸部に散在していることが知られており、西からの伝播を考えなければならない。当然そこには海を介して人びとの交流が存在した。

その能登の地で歌われていたという、興味深い歌が万葉集に遺されている。「能登国の歌」と題された三首だが、まず、その一首目の歌（巻一六、三八七八番）。

梯立《はしたて》の　熊来《くまき》のやらに
新羅斧　落とし入れ　わし
懸けて懸けて　な泣かしそね
浮き出づるやと　見む　わし

（梯立の　熊来の沼に）
（新羅の斧を　落とし入れて、ワシ）
（決して決して　お泣きなさいますな）
（浮かび出るかと　見ましょう。ワシ）

歌には左注があり、「ある愚か者がいた。斧を海底に墜して、鉄が沈むと浮かぶ道理がないのを知らなかった。そこで歌を作って口ずさんで諭した」という。そんなことを知らない者などいるわけはないので、からかい歌とみればいい。ワシは囃子詞、音数律も整っておらず、集団歌謡として歌われていたのだろう。熊来は地名、七尾市中島町（旧熊木村）の辺り、まるでイソップ寓話の「樵夫と神さま（金の斧と銀の斧）」と「犬と肉（よくばりな犬）」とを混ぜ合わせたよう

熊木川と七尾湾遠望（七尾市中島町）。

な題材の歌である。

この歌が興味深いのは、能登の地の木こりが持っているのが、舶来の鉄斧だという点である。むろん、「新羅」というのは上等な品をいうための飾りともとれるが、能登だからこそ、本物の舶来品とみたほうがいいと思う。そのような高級品を手に入れることができる場所が能登近辺だったと考えられるからである。まさに最先端の地だったのである。近年、石川県小松市の八日《ようか》市地《いちじ》方《かた》遺跡から、弥生時代中期前半の柄付き鉄製鉇《やりがんな》、「大陸から舶載された鋳造鉄斧を装着するための木製柄」一三点、鉄器を用いた加工品などの出土が報告されている（石川県教育委員会ほか編『小松市 八日市地方遺跡』一三〜一四頁）。こうした情報を「新羅斧」に重ねると、俄然、その信憑性は高まるはずである。そしてその木こりは、大海を走る船の材料を伐っていたのかもしれないと考えると、よけいに楽しい。

そして二首目はこんな歌（同、三八七九番）。

梯立の　熊来酒屋に　（梯立の　熊来の酒蔵で）
真罵《まぬ》らる　奴《やつこ》　わし　（怒鳴り散らされる　奴よ。ワシ）
誘《さす》ひ立て　率《ゐ》て来《き》なましを　（甘い言葉に乗せられて　連れてこられたものを）
真罵らる　奴　わし　（怒鳴り散らされる　奴よ。ワシ）

同じく熊来（熊木）が歌われているが、ここには、造り酒屋があって、酒を商っていた。八世紀の平城京では東西の市で酒を商っていたことが知られているが、能登の港町でも酒は飲めたのである。つまり、そのような大がかりな酒造りが商売として成り立っていたということは、人びとの往来が頻繁であったということの証左になろう。そのなかには当然、遠くからやってきた船乗りたちもいたに違いない。そうした賑わいを彷彿とさせる歌だ。

歌の内容は、酒造りの労働に従事する奴たちがこき使われるのを歌っているが、それを歌っているのはこき使われている奴たち自身と解釈することもできる。ただし、それを労働歌と呼んでいいかどうか判断に悩む。けっこう滑稽な印象の強い歌である。

ちなみに、能登には今も多くの酒蔵があり、能登杜氏は全国の蔵で酒造りを担っている。それは近世以降の伝統として説明されるようだが、熊来酒屋の歌を読んでいると、その酒造りの伝統は古代まで溯るのではないかと想像をたくましくしてしまう。
そしてもう一首（同、三八八〇番）、これは新婚の若妻に対するからかい歌。

香島嶺《かしまね》の　机の島の　　　（能登の山並みを背にした　机の島の）
小螺《しただみ》を　い拾《ひり》ひ持ち来て　　　（小さな巻貝を　拾い持って来て）
石もち突き破り　早川に洗ひ濯ぎ　　　（殻を石で叩き割り　中身を早川で洗い濯ぎ）
辛塩《からしほ》に　こごと揉み　　　（辛めの塩に　ささっと揉んで）
高坏《たかつき》に盛り　机に立てて　　　（高足の器に盛って　机の上に乗せて）
母に奉《まつ》りつや　愛《め》づ児の刀自《とじ》　　　（母に差し上げたかい　可愛らしい奥さんよ）
父に献《まつ》りつや　愛づ児の刀自　　　（父に奉ったかい　可愛らしい奥さんよ）

机の島は熊木川の河口の先、七尾湾に浮かぶ小さな島、早川は熊木川のことか。香島嶺は能登郡（のちの鹿島郡）の山並みをいう。シタダミは今も酒の当てなどに出てくる小さな巻き貝。それを塩揉みにして食べるのが、この土地の習いなのだろう。その土地の味を、義理の両親にふるまいましたかと、嫁いで間もない若い妻に歌いかけている歌と読める。そこから浮かんでくるのは、この辺りでは嫁入り婚という婚姻習俗が行われているということだ。通い婚を常態とする都などの習俗とは違っていたのかもしれないが、一首だけではなんとも言えない。
人びとのあいだに流布していたと思われる三首の歌謡が、どのような経路で万葉集に収められたのかは記されていない。もっとも考えられるのは、越中の国守として赴任していた大伴家持が持ち帰ったという想定である。歌にことさらの関心を示す家持は、兵部少輔《ひょうぶしょうゆう》（兵部省の次官）であった時代に、万葉集巻二〇に収められた防人歌なども集めさせており、国守の巡察で能登をめぐった時に聞いて記録していた歌であった可能性が高い。家持が越中に赴任していた頃は、能登は越中国に併合されていた。そのために定期的な巡察があって能登もめぐらねばならなかったのだが、その折に、「能登郡の香島の津より発船《ふなだち》して、熊来村を指して往きし時に作れる歌二首」と題して、次のような歌を詠んでいる。

香島より　熊来を指して　漕ぐ船の　梶取る間《ま》なく　都し思ほゆ　（巻一七、四〇二七番）

前の三首に出てきた香島（鹿島）や熊来（熊木）の地名が歌われており、それらの土地が巡察の際に巡った地であることは明らかだ。そこからみて、家持による採録説は疑う余地はないのではないかと思う。しかも、万葉集の巻一六は、この三首のあとに、越中国の四首を並べているところも家持説を補強する。

のちに郡名となる香島というのは七尾湾の南、現在の七尾市一帯が該当する。熊来は鹿島郡の一部なので、七尾湾を東から西に向かい、机の島のそばを通って家持の船は進んでいったはずだ。まことに風光明媚で鏡面のごとくに静かな入り江である。

渤海からの船が入るようになって、能登半島が来訪者で賑わうようになったわけではない。対馬暖流を押しとどめる防波堤のように海に張り出す半島は、西から流れてくるものたちをいつも受け止めていたのである。そのなかには、訪れる神もいた。そのシンボル的な存在がオホクニヌシ（大国主神）である。いや、オホクニヌシという格式張った名前よりも、オホナムヂ（大穴牟遅神）あるいはヤチホコ（八千矛神）という名のほうが迎える土地の人びとにはなじみだった。かれらは来訪神として祀られ、各地を巡行したり土地のおとめに求婚したりする。

巡り歩くオホナムヂ

能登半島の西側の付け根に気多《けた》大社（羽咋市寺家《じけ》町）があり、主祭神として大己貴命《おおなむちのみこと》（大国主神）が祀られている。その能登国の一の宮でもある気多大社でもっとも重要な祭りの一つが平国祭《へいこくさい》というが、地元の人たちは親しみをこめて「おいで祭り」と呼んでいる。

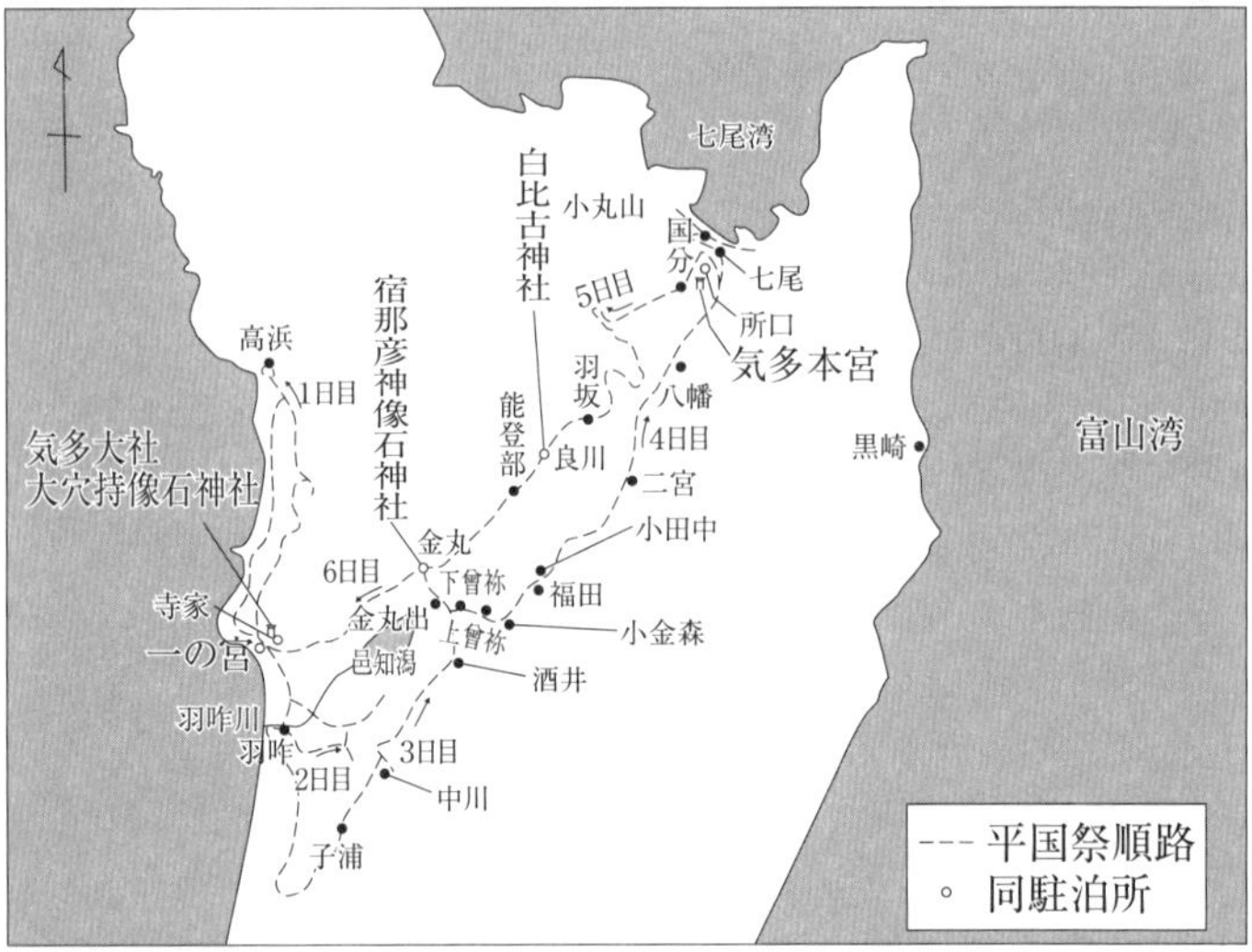

平国祭では能登半島を横断するかたちで往復する（『海と列島文化１』236頁参照）。

毎年三月一八日から二三日にかけて、背に幣帛を載せた馬と神輿が、気多大社を出て、羽咋市、七尾市など能登半島の各地を巡り歩く祭りで、その総延長は三〇〇キロにも及ぶという。行列は、各所の神社を巡り、道中の家々に立ち寄って祈願をし、米などの寄進を受けながらゆったりと進んでゆく。わたしが見学したのは一六、七年前だったが、人手が集まらないために集落間の神輿の移動は軽自動車を利用し、担ぎ手はアルバイトの学生頼みという状態であった。しかし、それでも沿道の人びとは米や銭を寄進し、商家では神を迎え入れて祝詞《のりと》を唱えてもらうなど土地に密着しているという印象をもった。

最初の夜は、すぐ近所の大穴《おおな》持像石《もちかたいし》神社（同町）に逗留し、次の夜は少し離れた宿《すく》那《な》彦神像石《ひこかむかたいし》神社（鹿島郡中能登町）に逗留し、翌日からはそのスクナビコナを伴ないながら、能登半島東側の能登《のと》生国玉比古《いくにたまひこ》神社（七尾市所口町）、別名気多本宮へと至る。いずれも『延喜式』神名帳に登録された古社である。そして、また、そこからオホナムヂとスクナビコナのふたりはあちこちを巡って人びとを祝福しながら旅を続け、二三日には宿那彦神像石神社に立ち寄って同道していたスクナビコナを社に戻し、オホナムヂは気多大社に帰館して五泊六日にわたる長途の旅は終わる。

平国祭（おいで祭り）の一行。

この祭りで気多大社から七尾の能登生国玉比古神社に至る道筋というのは、羽咋から北東方向の七尾へと延びる地溝帯に沿っていることが地図を確認するとわかる。気多大社が建っているのは、地溝帯の北側に連なる丘陵地の西端であり、南には邑知潟《おうちがた》と呼ばれるラグーン（潟湖）が広がっていた。現在はごく一部を残して干拓され水田になっているが、地溝帯はずっと北東方向に延びて能登半島東海岸の七尾へと続いており、そのさまは今も実感できる（次頁写真）。

前章で紹介した河北潟に続いて、その北に広がるのが邑知潟で、西からやってくる船にとっては能登半島のとば口となる寄港地であった。刳舟《くりぶね》のような小型の舟ならば能登半島を回り込まず、そのまま奥へ乗り入れ陸を曳いて反対側の七尾で富山湾に出るというルートも可能であったらしい（長野正孝『古代史の謎は「海路」で解ける』三〇頁）。近世には邑知潟の奥の金丸《かねまる》村（現、鹿島郡中能登町金丸）に藩の御用船の波止場があり、そこから一七キロ程の七尾までは陸路を利用して物資を運んだという（岡本雅享『出雲を原郷とする人たち』八五頁）。

その邑知潟の入り口に位置する気多大社が由緒ある古社であることは、越中の国守であった大伴家持の歌によっても知ることができる。

気太《けた》の神宮《かむつみや》に赴き参り、海辺を行きし時に作れる歌一首
之乎路《しをぢ》から　直越《ただこ》えくれば　羽咋の海　朝凪したり　船梶《ふねかぢ》もがも
（万葉集、巻一七、四〇二五番）

ここに歌われている之乎路とは、羽咋郡志雄《しお》町（現在は南の押水町と合併して宝達志水町《ほうだつしみずちょう》）へ抜ける路を言い、家持は、国府のあった富山県の高岡から西北に向かい（あるいは氷見に出て西

残された邑知潟。写真奥の丘陵の左側先端あたりに気多大社がある。

に向かい）峠を越えて能登半島の西側の海岸まで出たのである。その志雄の地は邑知潟の南に位置し、潟を挟んだ北に気太神宮（気多大社）があるために、陸路で向かうには「かなりの迂回になつてゐた」（澤瀉《おもだか》久孝『萬葉集注釋　巻第十七』二三一頁）。そのために、朝凪して静かな邑知潟を船で渡れればいいものをと歌っているのである。したがって、ここで海辺とか羽咋の海と家持が詠んでいるのは、外海ではなく邑知潟のことだとみなすべきだろう。そこからも、八世紀の邑知潟がかなり広大な水面を有した海であったことが想定できるのである。

神社名のケタ（気多・気太）がどのような意味をもつかは明らかではない。ただ、「稲羽の白うさぎ」神話に出てきた「気多の岬」をはじめ、ケタと名付けられた地名や神社名が表ヤポネシアの、ことに北陸方面にはいくつも存在することが指摘されている（田村克己「気多・気比の神」)。そのケタという地名について、折口信夫が次のような興味深い解釈を示している。

けたとは、水の上に渡した棒で、橋の一種であるとは言へますが、橋ではないので、間のあいてゐる渡し木なのです。同時に又、いまだにその意味を失はずに居ります。けたはまう少し形が変れば、たな――海岸や水中に突出したもの――と同じ形になるのであつて、ともかく、海から陸地へつなぐもので、何も土地と土地とをつなぐものではなく、それを通らねば陸地に上れない、と考へられて居ました。(略)神は海からすぐ上るのではなく、一種の足溜りを通つて上つたらしいのです。それが、けたといふ土地が、日本の海岸地方に分布してをり、又、古い信仰が残つてゐる理由なのです。けたといふ所は、海から陸地へ上る足溜りですから、その土地が、同時にけたと言はれます。(「春来る鬼」全集第十五巻、一三二頁)

この折口の見解が妥当かどうかの判断はむずかしいが、訪れる神を迎える場所という解釈は説得力のある説明だとわたしには思われる。それは、この気多大社のある土地が、岬の突端のような場所であるという点からも受け入れやすいからである。たしかに稲羽の白うさぎでも、ウサギが倒れていたのは「気多の前《さき》」で、和邇《わに》を騙して渡ってきた足掛かりの岬であった。余談になるが、気多大社の南にある墓地の一角に折口信夫と戦死した養子、春洋が眠っている。

気多大社にいつからオホナムヂが祀られていたかについても確とはわからないが、家持が参拝した時には、すでにオホナムヂを祀っていたと考えてよいだろう。また、平国祭に出てくるオホ

大己貴命（大国主神）を祀る気多大社。

ナムヂやスクナビコナが土着神的な変容を経ていることを田村克己は指摘するが（「気多・気比の神」）、それは、渡来の神と土地との関係が古くから存続しているからであろう。

なお、気多大社のすぐ北に位置する旧・福野潟（羽咋郡志賀町）は北前船の寄港地でもあったが、その周辺にオホナムヂを祀る神社が数多く存在することを指摘した岡本雅享によれば、「羽咋郡の臨海地域には、このように神が流れ着いた故事から起こった地名や、よその土地から移住した人々によって開かれた町や村が多い」という（『出雲を原郷とする人たち』七六頁）。その福野潟のすぐ北には、能登客院があったとされる福浦《ふくら》（福良）港（旧、富来《とぎ》町、合併して志賀町）がある（第五章参照）。

この近辺の能登半島西側の海岸はどこも、神も人も物も、すべてが寄り来るところであった。それは、海流と地形からみて当然ではあるのだが、そのなかでもことに、出雲の神々は古くからこの辺りの海岸と近しい関係にあったらしい。少し北に寄るが、能登半島先端の珠洲の地から土地を切り裂いて出雲の美保の岬に引いていったという神話が語られるのも、しごく当然のように思えてしまう（第二章参照）。

ヤチホコの求婚

さて、ここからは能登を離れて、高志の本道へともどることにする。

古事記では越という表記はなく、越前、越中、越後という律令成立以降に定められたとみられる認識も存在しない（「高志前」については一二六頁参照）。北陸一帯を高志国と呼ぶ古事記の神話のなかで高志が脚光を浴びるのは、ヤチホコ（八千矛神）によるヌナガハヒメ（沼河比売）求婚譚である。しかもその話は、長編歌謡による贈答あるいは問答によって構成されるという、他に例のないかたちで伝えられている。

ヤチホコが、高志の国のヌナガハヒメのもとに妻求めをしようとしてお出ましになった時、そのヌナガハヒメの家に到り、歌を歌った。

やちほこの　神のみことは　（ヤチホコの　神と呼ばれるわれは）
やしまくに　妻まきかねて　（治める国に　似合いの妻を求めかねて）
とほとほし　こしの国に　（遠い遠い　高志の国には）
さかしめを　ありと聞かして　（かしこい女が　いるとお聞きになって）

くはしめを　ありと聞こして
さよばひに　あり立たし
よばひに　ありかよはせ
たちがをも　いまだとかずて
おすひをも　いまだとかねば
をとめの　なすやいたとを
押そぶらひ　わが立たせれば
引こづらひ　わが立たせれば
あをやまに　ぬえは鳴きぬ
さのつとり　きぎしはとよむ
にはつとり　かけは鳴く
うれたくも　鳴くなるとりか
このとりも　打ちやめこせね
いしたふや　あまはせづかひ
ことの　語りごとも　こをば

（美しい女が　いるとお聞きになって）
（妻を求めにと　お出ましになり）
（妻を求めに　お通いになり）
（太刀の紐さえ　解くのももどかしく）
（旅の衣も　いまだ解くこともせず）
（おとめの　おやすみになる板の戸を）
（押し続けて　私がお立ちになると）
（引っ張り続けて　私がお立ちになると）
（青々とした山に　トラツグミが鳴いた）
（野原の鳥の　キジが声を響かせている）
（庭の鳥なる　ニワトリが鳴く）
（にくたらしいことにも　鳴く鳥どもよ）
（こんな鳥など　叩きのめして息の根止めろ）
（つき従う　天をも駆ける伴たちよ）
（お語りいたすは　かくのごとくに）

そこでそのヌナガハヒメは、まだ戸を開けずに、寝屋の内からお返しなさった。

やちほこの　神のみこと
（ヤチホコの　神のみことさまよ）

ぬえくさの　めにしあれば
わがこころ　うらすのとりそ
今こそは　わどりにあらめ
のちは　などりにあらむを
いのちは　なしせたまひそ
いしたふや　あまはせづかひ
ことの　語りごとも　こをば

（しなやかな草に似た　女であるので）
（我が心は　渚にいる鳥である）
（今のうちこそ　私鳥でありましょう）
（のちには　あなた鳥になりましょうものを）
（鳥の命は　どうぞ殺しなさいますな）
（つき従う　天をも駆ける御伴の方々）
（お語りいたすは　かくのごとくに）

あをやまに　日がかくらば
ぬばたまの　よはいでなむ
あさひの　ゑみさかえ来て
たくづのの　白きただむき
あわ雪の　わかやるむねを
そだたき　たたきまながり
またまで　たまで差しまき
ももながに　いはなさむを
あやに　なこひきこし
やちほこの　神のみこと

（青い山に　日が隠れたならば）
（ヒオウギの実の　真っ暗な夜がやってくる）
（朝日のように　喜色満面やってきて）
（こうぞの綱の　わが白い腕を）
（あわ雪に似た　若々しい胸のふくらみを）
（そっと抱きしめ　やさしく抱いていとおしみ）
（すてきな玉の手と　わが玉の手とを絡めて）
（足のびやかに　共寝をいたしましょうものを）
（それほど激しく　恋い焦がれなさいますな）
（ヤチホコの　神のみことさまよ）

ことの　語りごとも　こをば　（お語りいたすは　かくのごとくに）

ゆえにその夜は思いを遂げることが出来ず、明くる日の夜に共寝をなさった。

（古事記、上巻）

ヤチホコというのはオホクニヌシの別名四つのうちの一つで、立派な、あるいはたくさんの「矛」をもつ神の意。矛というのは武器であり、武神、戦闘神と見なすことができるが、古事記に語られるヤチホコには戦闘神という面影はほとんどなく、語られているのは求婚の物語と奥方の嫉妬の物語だけ。そこから考えると、「矛」というのは男根の隠喩とみたほうが理解しやすい。

オホクニヌシという名も含めて、ヤチホコ以外の別名は、オホナムヂ（大穴牟遅神）もアシハラノシコヲ（葦原色許男神）もウツシクニタマ（宇都志国玉神）も、その名は、クニ（国＝大地）、ナ（大地）、アシハラ（地上）と、共通した性格をもっている。つまり、大地を作り、大地を守る神という性格がその名には込められている。それに対して、ヤチホコだけはそうした命名とは異質な性格をもつところからみて、物語の主人公として登場させられているのではないか。

それは、ヤチホコの物語だけが長編歌謡の形式によって伝えられていることからも指摘できるのではなかろうか。この形式は、先に紹介した角鹿の蟹の歌謡に似ていなくもない（第四章参照）。蟹の歌については、ホカヒビト（乞食者）の芸謡として所作や音声を伴って専門的な芸能者（宗教者）によって伝えられていた可能性が大きいことを指摘したが、このヤチホコの歌謡に関しても、同様の性格と伝承のありようをもっていたとみることができる。しばしば指摘されることだが、歌詞のなかで、「ありと聞かして（聞こして）」「わが立たせれば」など、神自身が自らの行為に敬語を用いて表現する点なども（自称敬語、自尊敬語）、そうした芸謡的な性格が窺えるところである。

　この歌謡劇のヒロインであるヌナガハヒメは、沼河の守り神といえる存在である。この地名は『和名抄』（二〇巻本）巻七の越後国頸城郡条に「沼川［奴乃加波《ぬのかは》］」とあり、新潟県南西部（糸魚川市・妙高市・上越市の辺り）に存した郷《さと》の名である。おそらく川の名から名付けられていると思われ、『延喜式』神名帳にも、「頸城郡十三座」のなかの一座として「奴奈川神社」の名がある。その沼川（奴奈川）郷は、現在の糸魚川市辺りを指しているとみてよく、今、糸魚川駅の近くには奴奈川神社（糸魚川市一の宮、天津神社の摂社）も祀られている。そして、奴奈川という川は、今の姫川のこととみなしてよかろう。

　郷名であり川の名であるヌナガハの意味だが、語構成は「ヌ＋ナ（〜の）＋カハ（川）」で、「ヌ」は石玉をさしていると解せる。たとえば、日本書紀で、イザナキ（伊奘諾尊）とイザナミ（伊奘冉尊）が天《あめ》の浮橋から矛を指し降ろしてオノゴロ島を作る場面に、「すなはち天之瓊矛《あめのぬほこ》を以ちて、指し下《おろ》して探りたまひ、是《ここ》に滄溟《あをうなはら》を獲《え》き」（第四段正伝）とあって、その「瓊」という漢字に、「瓊は玉なり。これをば努《ぬ》と云ふ（瓊、玉也。此云努）」と訓注が付いており、石玉（瓊）を倭語では「ヌ」と呼んでいたことがわかる。また古事記の神話にも、石玉をいう「ぬ」という語はしばしば出てきて、高天の原神話でアマテラス（天照大御神）とスサノヲ（須佐之男命）がウケヒをする場面で、相手が身につけた剣や珠を水にすすぐ描写を、「奴那登母々由良尓《ぬなとももゆらに》、天の真《ま》名井《なゐ》に振り滌《すす》ぎて」などと表現しており、「ヌナトも（玉の音も）モユラニ（ゆらゆらと）」という定型句のなかに、「ヌ（石玉）」という語が用いられている。そこから、沼河（奴奈川）とは「石の玉の川」を意味し、ヌナガハヒメというのはその石の玉の川の女神という意味だということがわかるのである。

この歌謡は、出雲からやってきたヤチホコと高志国の沼川郷の女神ヌナガハヒメとの、求婚をめぐる贈答になっている。高志国にはいい女がいると聞いてはるばるとやって来たヤチホコが、長い旅の末に到着したヌナガハヒメの家の前に立ち、戸を開けろ開けろと懇願しているうちに夜明けになってしまう。そこで、お伴の天馳せ使たちに夜明けを告げて鳴く鶏なんかぶち殺してしまえと八つ当たりしているというのがヤチホコの歌った歌。後ろの二首はそれに対するヌナガハヒメの歌で、一首目は天馳せ使に対して鶏を殺さないでと歌い、二首目の歌ではヤチホコに、今は求婚を受け入れられないが、今晩はふたりの素敵な共寝が待っているので我慢して、と歌う。どの歌にも最後のところに「ことの　語りごとも　こをば」とあるが、それが定型的な語り納めの句になっている。いずれの歌詞からも、男女神が対面しながら掛け合う滑稽なイメージが喚起されるが、とくに共寝のさまを歌う三首目の歌では、実際に男神と女神とが滑稽な所作とともに歌を掛け合う姿が浮かんでくる。

翡翠の川の女神

じつは、この歌謡の舞台になっている沼河（奴奈川）という土地が特別な場所であるということ

姫川の支流の小滝川上流のヒスイ峡（天然記念物の翡翠原石が散在する）。

とが判明したのは、一九五〇年代以降のことであった。糸魚川市とその周辺地域に縄文時代の大きな翡翠工房の存在が確認され、ヌナガハのヌ（石玉）が硬玉翡翠をさしていることが確認されたからである。それ以前から日本列島の各地の遺跡で翡翠製の遺物は発掘されていたが、それらは、中国から朝鮮半島経由で運ばれてきた品だと考えられていた。ところが一九三九年に発表された鉱物学者の論文によって、姫川支流の小《こ》滝川《たきがわ》上流に翡翠原石の産地があることが確認されて（河野《かわの》義禮《よしのり》「本邦に於ける翡翠の新産出及び其化学性質」）、翡翠は国内で産出することが証明されたのである。

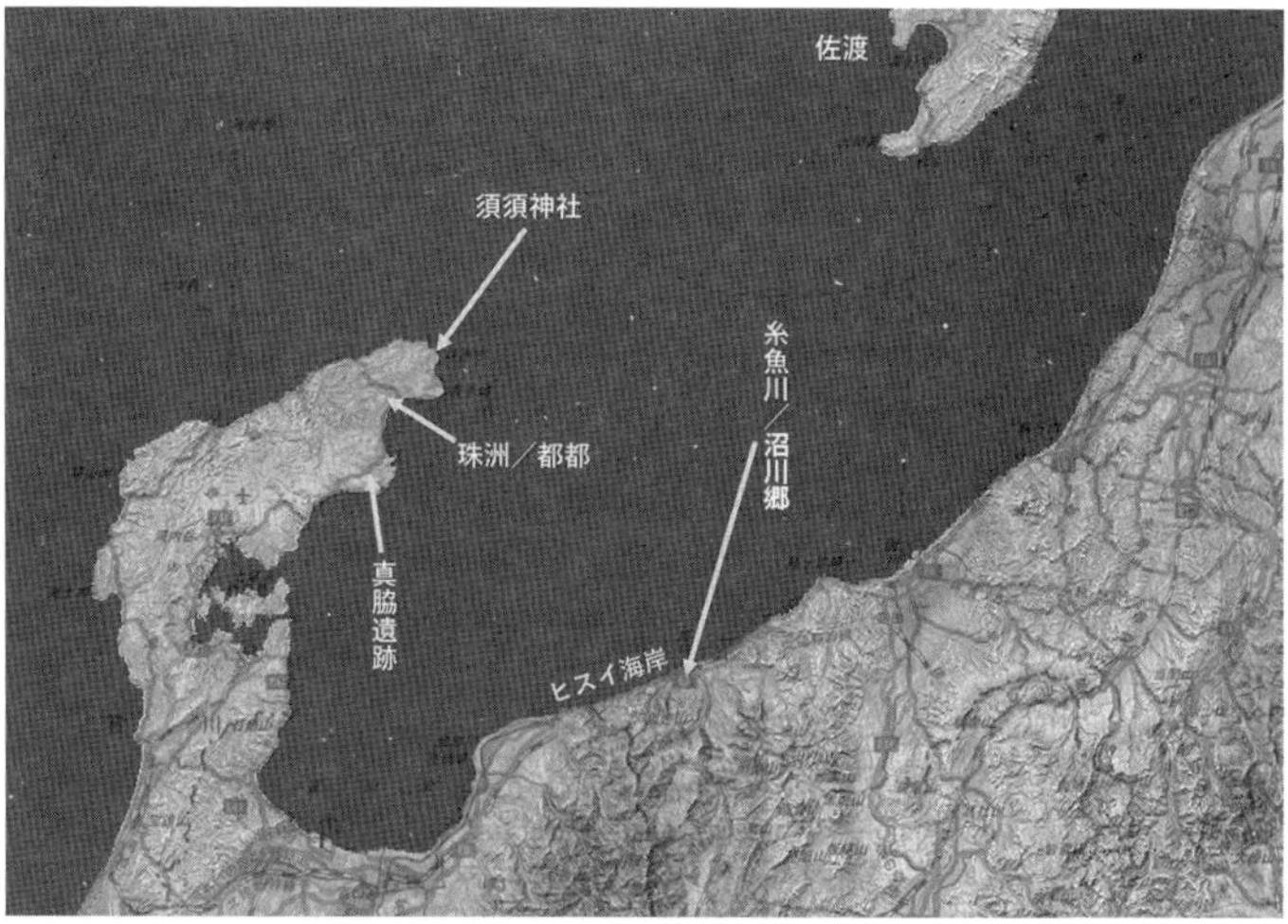

糸魚川（沼川郷）と能登半島先端は向かい合っている。

そして糸魚川における翡翠製作の実態が、戦争を挟んで一九五四年から開始され、一九七〇年代まで続いた数次にわたる発掘調査によって明らかになった。それによると、長者ヶ原《ちょうじゃがはら》遺跡（糸魚川市一の宮）や寺地《てらじ》遺跡（糸魚川市寺地）において、世界最古ともいえる硬玉翡翠の加工が大々的に行われていたことが判明する。

その翡翠原石は小滝川ヒスイ峡と青海川上流との二か所で発見されているが（現在はともに糸魚川市）、縄文人たちはその存在は知らなかったようで、自然の力によって砕かれた石が流れ下った姫川下流域の河原で拾ったり、いったん海に流れ出たのちに海岸に打ち上げられた原石を拾ったりして、海岸近くの工房で加工していた。現在も、糸魚川から富山県朝日町に至る海岸のあちこちで、打ち上げられた翡翠を拾うことができる。

翡翠は、縄文時代前期末から中期にはおもに

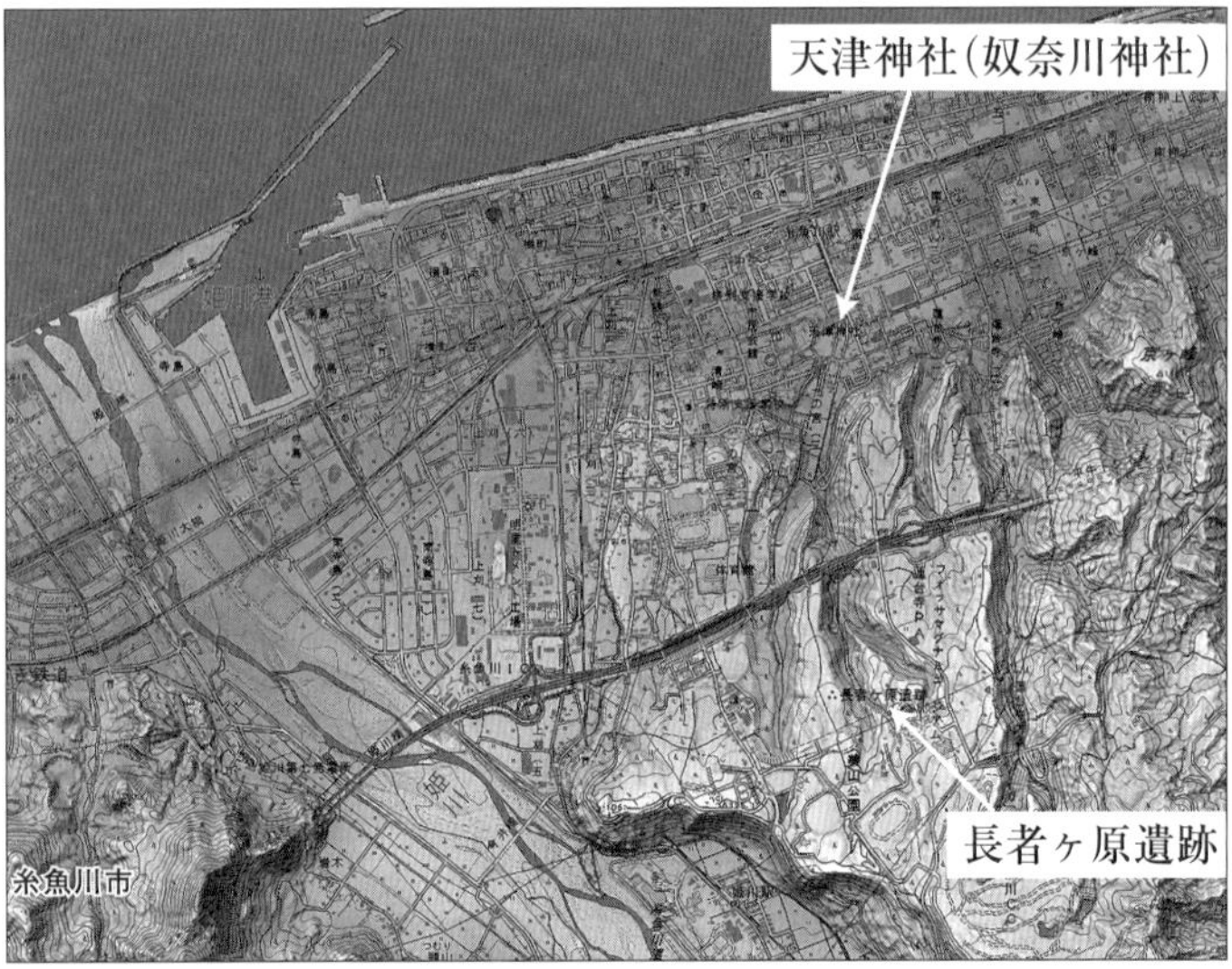

現在の糸魚川拡大地図。縄文時代の翡翠加工遺跡（長者ヶ原遺跡）や、奴奈川神社など。

大珠《たいしゅ》と呼ばれる小判型の加工品に、縄文時代後期から弥生時代には勾玉や穴玉となって列島の各地に運ばれた。しかし古墳時代後期になると翡翠はほとんど利用されなくなり、その存在も大方は忘れ去られてしまったという（翡翠に関しては、土田孝雄『翠《みどり》の古代史』、寺村光晴『日本の翡翠』、藤田富士夫『古代の日本海文化』、森浩一編『シンポジウム古代翡翠道《ヒスイロード》の謎』など参照）。

ただし、越後国で青い（緑）の石が産するということは、石は利用されなくなったのちも地元の人びとには伝えられていたらしい。今は、断簡しか伝えられていないが、日本書紀の注釈書である『釈日本紀』に引用された越後国風土記（逸文）によって窺い知ることができる。

八《や》坂丹《さかに》とは玉の名なり。玉の色の青き

を謂ふ。故《かれ》、青八坂丹《あをやさかに》の玉と云ふ。

青い立派な石玉というのが「青八坂丹」（坂は尺の当て字）の意味である。詳細はわからないが、頸城郡の産物の一つとして記載されていたものと思われる。また、すでに意味は忘れられていたようだが、万葉集にも、奴奈川で産出する翡翠を歌った歌が載せられている。

沼名河の　底なる玉　（沼名河の　底に沈んでいる玉）
求めて　得し玉かも　（求めて　手に入れた玉よ）
拾《ひり》ひて　得し玉かも　（拾って　手に入れた玉よ）
あたらしき　君が　（その玉のような大切な　あなたが）
老ゆらく惜《を》しも　（老いていくのは惜しいことよ）

（巻一三、三二四七番）

歌自体は、女性が老いていくことを惜しむ（からかう）歌だが、その「惜しい玉」の譬喩として歌われているのが、沼名河の底に沈んでいるという石玉である。当然、この譬喩は、奴奈川で採取できる翡翠のことを知っていなければ成り立たない表現だが、万葉集の編纂者にはよくわかっていなかったらしい。そして、後世の研究者たちが、この玉を糸魚川産の翡翠であると認識できたのは、考古学による翡翠工房の発掘が進展した一九七〇年代以降のことであった。

ヒスイ海岸には今もヒスイを探す人たちが多い。

　このようにみてくると、ヌナガハヒメという女神は、その土地を守る女神として語られるだけの存在ではないということが明らかになる。この女神は、弥生時代で考えれば、もっとも呪力のある石玉を産する川の女神なのであり、そのヌナガハヒメに出雲のヤチホコが求婚するというのは、ただ、その土地の領有とかかわる政治的な性格だけで説明されるべきではないと考えなければならない。しかも、ここに登場するヌナガハヒメは、出雲国風土記のなかに名前と系譜を伝えてもいるのだが、そのことは、出雲と高志との関係を考える上で、きわめて重要なことである。

美保の郷　郡家《こほりのみやけ》の正《ま》東《ひむがし》二十七里一百六十四歩なり。天の下造らしし大神の命、高志の国に坐す神、意支都久辰《おきつくし》為命《ゐのみこと》のみ子、俾都久辰為命《へつくしゐのみこと》のみ子、奴奈宜波比売命《ぬながはひめのみこと》に娶《あ》ひて、産みまし神、御穂須須美《みほすすみの》命《みこと》、是の神坐す。故、美保といふ。（島根郡）

「天の下造らしし大神の命」とは、出雲国風土記においてオホナモチ（大穴持命、オホナムヂのこと）の称え名として用いられる表現である。そのオホナモチとヌナガハヒメとのあいだに生まれたのがミホススミ（御穂須須美命）だというのである。

古事記のヤチホコ神話では、結婚したとは語るが、子の誕生については何もふれていない。それが、出雲国風土記のなかでは、はっきりと子の誕生を伝えている。しかも、その子神は島根半

ヌナガハヒメ系図

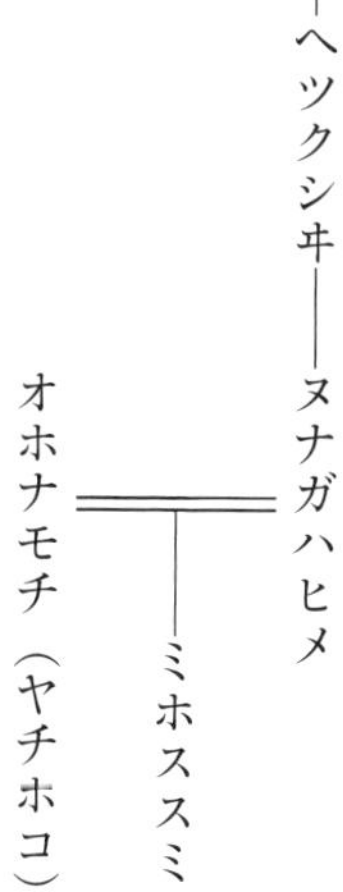

ミホツヒメとコトシロヌシを祀る美保神社。

島の先端の美保郷に祀られているという。とすれば、『延喜式』神名帳にも登録される美保神社(島根県松江市美《み》保関《ほのせき》町)にミホススミは祀られているはずだが、現在の祭神はミホススミではない。美保神社の現在の社殿は、火災のために文化一〇年(一八一三)に再建されたものだが、二つの屋根が左右に並ぶ形式の神殿の、大御前《おおごぜん》と呼ばれる左殿(神から見て左側の御殿)にミホツヒメ(三穂津姫命)が、二御前《にのごぜん》と呼ばれる右殿にコトシロヌシ(事代主神)が祀られており、ミホススミの名は見えない。

　北前船の寄港地ともなって賑わった近世の美保関に鎮座する美保神社は、航海安全や豊漁を祈願する海の民に深く信仰され、古事記や日本書紀の神話と連動するかたちで、恵比寿神であるコトシロヌシへの尊崇が肥大する。一方、コトシロヌシの台頭とともにミホススミの名前は美保神社の祭神から消されてゆく。その結果、現在では美保湾を挟んで美保神社の対岸に位置する路地の奥にひっそりとたたずむ摂社、地主社《じぬしのやしろ》の祭神として、ミホススミは祀られている。しかし、コトシロヌシが美保神社の祭神になったのは近世以降のこととされており、もとは、文字通り、ミホススミが美保神社の祭神であった。

また、現在美保神社の主神のように「大御前」と称される左殿に祀られるミホツヒメは、古事記には出てこず日本書紀の第九段一書第二にだけ登場する女神である。この女神はタカミムスヒ（高皇産霊尊）のむすめで、服属のために高天の原に上ってきたオホモノヌシ（大物主神）に、タカミムスヒが自分のむすめを強いて結婚させたと語られている。オホモノヌシというのは、オホナムヂと同じ神としてここでは扱われているが（古事記ではそのようには伝えていない）、元来、出雲とも美保とも何のかかわりもない神である。一方、

今は、路地の奥の祠「地主社」に祀られているミホススミ（写真正面の祠）。

こちらもまた美保の地とはまったく縁もゆかりもない女神ミホツヒメが、ミホという地名との音による連想だけで美保神社の祭神として祀られることになったのだが、下世話に言えば、ミホツヒメとコトシロヌシは継母と継子という関係になるわけで、並べられる神としてはたいそう居ごこちが悪い。そこから考えても、ミホツヒメが祭神に加えられたのは、コトシロヌシが美保神社の祭神になるよりもずっと新しい時代のことと考えられる。

始源の時までたどって、美保神社の祭神が対になる男女だったとすれば、ヌナガハヒメとミホススミという母子神が祀られていたと考えたほうが説得力はありそうである。また、現在の神社周辺では、ミホススミを女神とする解釈が有力なようだが、果たして女神とする根拠はあるか。母系的な母（ヌナガハヒメ）と娘（ミホススミ）と見るのは魅力的だが、神名からみるとミホススミは男神のように思えるのだがいかがか。

神名ミホススミのミホは地名であり、その原義は「ミ（接頭語）＋ホ（秀）」で、ホは秀でたところをいう。海に張り出し神の寄りつくミサキ（ミ＋崎）と同じとみてよい。下のススミの語釈はむずかしいが、とりあえず次の二つの解釈が可能ではないか。

①ススム（進）・スサブ（荒）のススやスサに通じる語で（スサノヲのスサと同じ）、霊威の溢れている状態を表す語、ミは神格をあらわす接辞。
②ススは地名ツツの転訛で、ミは神格をあらわす接辞。

ツツの転訛とみるのは、先に、出雲国風土記に遺された「国引き」詞章を取り上げた時に、四回目に国引きされた「高志の都々」はスズ（珠洲）のことだろうと述べたこととつながる（五七頁参照）。ただし、ツツを地名と解したとして、それがどのような意味かは定かではない。谷川健一は、ツツは蛇をいう語で、住吉神ツツノヲのツツも同様であり、「雷神＝剣神＝海神＝筒神」という等式があると言う（『日本の地名』四七頁）。

しかし、谷川説も今一つ釈然としないところがあり、ツツというのは地形をいう語で、ミホという語があらわしているのと同じ意味を繰り返しているのではないかとわたしは考えている。たとえば、「神風の伊勢」という「枕詞＋地名」が、意味からみると「神の風（カミカゼ）＝威力のある風（イセ）」という語構成になっているのと同様に、「み秀＝つつ（すす）」と考えれば、ツツ（スス）は神の寄りつく「み崎」という意味になる。

出雲国風土記のなかに、高志の国のヌナガハヒメに関する三代にもわたる系譜が伝えられているというのはたいそう希有なことである。ただし、オキツクシヰとヘツクシヰという神名についても、ミホススミ同様よくわからない。その冒頭部分のオキツとヘツを「沖つ」「辺つ」という対に由来するとみるなら（ツは格助詞「～の」）、兄妹あるいは配偶神とみるのが自然かもしれないが、ここでは親子になっている。下に置かれた「クシヰ」は、「クシ（霊妙な）＋ヒ（神霊をいう接辞）」の転訛、あるいは「クシ（霊妙なる）＋ヰ（泉）」とでも解釈すべきか。

しかし、クシヰ（霊妙なる泉）としたのでは、「沖つ（辺つ）」とのつながりがしっくりしない。やはり、「沖つ／辺つ＋クシヒ（霊力）」と解して、航海にかかわる神ととったほうが、美保の地にいます神の祖としてはふさわしいと判断したのだが、あまり自信はない。また、神名のいずれにも性別を認識できる言葉が含まれておらず、父系の系譜か母系の系譜かも定かではない。注釈書類では単純に、ヌナガハヒメの父と祖父とみなして男系系譜であることを疑わないが、母系である可能性を留保しておいたほうがよいのではないかと思う。

贈与品としての翡翠

縄文時代から古墳時代の中期頃まで、長い時代にわたってヤポネシアに住んだ人びとが翡翠を珍重したのは、その透明感のある青（緑）色が発散する生命力にあったらしい。翡翠は大珠や勾玉に加工されることで、その形状に呪性が込められた特別な石玉として崇められる。日本語では、タマ（玉）はタマ（魂）であった。

糸魚川周辺でしか採れない翡翠が、北海道から九州にいたる日本列島の至るところに運ばれた。縄文・弥生の遺跡から出土する遺物のなかで、これだけの広がりをもつ品物はほかに存在しないわけで、そこに翡翠の特殊性があると言っても過言ではない。

藤田富士夫によると、翡翠の「流布には大別して二形態」があり、「一つはヒスイ文化圏を中心として、いわば同心円状に分布する現象」、「もう一つは、（略）遠隔地に集中分布する現象」だという。そのなかで、遠隔地に集中的に分布するというのは単なる交易品とは考えられず、翡翠は「贈与」品として存在していたのではないかという（『縄文再発見』一六二〜一六三頁）。

この藤田の想定は、考古学者・林謙作の指摘を踏まえたものだが、林は、「縄文社会に限らず原始社会では、交易と贈与を厳密に区別することはむずかしい」としながら、交易品というのは「原産地から一五〇─二〇〇㎞以内の範囲を運ばれている物資」と考えるべきで、「これ以上の距離を移動している物資──硬玉やツタノハガイなど」は交易品の「枠外」として考えたほうがいいと述べる（『縄文時代』）。その指摘を承けて藤田は、翡翠を「贈与」品とみなし、その移動を次のように想定した。

そのルートは日本海を経由してのものであったらしい。もし陸路を経由してのものであれば、分布は手渡しのバケツリレーに似るであろう。つまり、出発地（原産地）に近いほど量が多く、遠くなればなるほど少なくなるはずである。ところが、ヒスイ玉の分布は原産地である糸魚川市から四〇〇〜七〇〇キロも離れた青森県や北海道で多く出土するのである。このような分布を示すのは、原産地から目的地へ直接運ばれたことによると思われる。このような運搬手段は日本海をルートとした舟運でしかないであろう。（『縄文再発見』一三二頁）

説得力のある説明ではないかと思う。神話を引き合いに出すと、ヤチホコのヌナガハヒメ求婚の旅を可能にしたのも、海の道を利用した舟による移動であったはずだ。ここでの藤田の視座は、青森や北海道など北に向けられているのだが、西（南）についても同様だったに違いない。海を介した舟による交流を抜きにして、稲羽の白うさぎ神話もヌナガハヒメ求婚も考えることはできないということだ。

舟の移動について言えば、対馬暖流は西から東（北東）へと流れており、逆方向へ向かう場合には困難を増したはずだが、西へ流れるリマン海流のほか、地形ごとの複雑な流れも存在するらしい。また、対馬暖流自体それほど流れが速いわけではなく（毎秒〇・五メートル程度）、風の利用などを含めて西への移動は可能だった。ただ、帆を使用した船の出現がいつまで遡るかなど、具体的な航海技術に関してはわからないことが多く、明確な痕跡はたどりにくい。しかし、手漕ぎの船でも種類は多様で、さまざまな工夫をしながら海を渡っていたようだ（長野正孝『古代史の謎は「海路」で解ける』）。現代人ができないから古代の人もできなかったという進化論的な把握は、とんでもない誤りを犯しているのかもしれない。

西への移動を象徴する翡翠は、出雲大社の宝物が収蔵されている宝物殿のなかにある勾玉である。寛文五年（一六六五）から六年にかけて、出雲大社の東方約二〇〇メートルにある摂社・命主《いのちぬし》社の背後にある大石の下から掘りだされたもので（真名井遺跡と呼ぶ）、武器形青銅器の「銅戈《どうか》」とともに出土した。この勾玉は、「半透明濃緑色の硬玉製で、長さ三・三三センチメートル、厚さ〇・二六センチメートルの精美な品」で、「蛍光X線回折によれば、糸魚川産の翡翠と推定」されるという。しかも、この出土物が重要なのは、「これまで全国で多数の青銅器が出土しているが、弥生時代の埋葬遺跡以外で玉類と伴出した例は皆無」だという点である（千家和比古《せんげよしひこ》・松本岩雄編『出雲大社』七九頁）。

翡翠の勾玉は、日本海を通して沼川郷（糸魚川）から出雲へもたらされた到来物、銅戈はおそらく北九州から伝えられた品物であり、どちらも舟を用いて出雲へと運ばれたとみられる。古代の日本海というのは、そのような人や物を移動させる道として存在したのであり、ヤポネシア「表通り」を支えていたのは、対馬暖流の流れだったと考えなければならない。

もう一つ、翡翠の移動に関して言うと、日本列島はもちろんだが、古代朝鮮半島にも糸魚川産の翡翠が渡っていた。それは、翡翠の産出地が現在のところ確認されていない古代朝鮮半島の、とくに五世紀代の新羅王や王族の墓から、穴玉や王冠を飾る勾玉など、多量の翡翠製品が出土していることから指摘されている。ただし、韓国と日本とでは、研究者に政治的な立場が絡んでくるために、共通理解を得るには時間がかかりそうだが（門田《もんた》誠一『海からみた日本の古代』四七〜七〇頁）、それら翡翠がおもに新羅の地から出ているというのは、注目してよいのではないかと思う。

出雲大社の摂社・命主社境内から発掘された銅戈と勾玉（出雲大社蔵）。

朝鮮三国のなかで新羅に出土例が多いという点を深読みすれば、翡翠がヤマト王権によって主導的に掌握されていない品だったからではないかという推測を生じさせる。つまり、ヤマト王権を介在させない、新羅と表ヤポネシアとの交易や交流のなかで、翡翠の移動は生じていたと考えられるからである。それゆえに、ヤマト王権の力が強力になった古墳時代中期以降になると、翡翠は次第に朝鮮半島に渡らなくなり、忘れられてしまう原因にもなったのではないか。そのなかで、鉄などの対価となる交易品として、三国時代の新羅に、翡翠製勾玉や穴玉が集中的に入っているところから、表ヤポネシアには、ヤマト王権と百済との関係とは別に、日本海を介した新羅との太いルートが存したことを立証できそうに思われる。

タケミナカタの洲羽への敗走

出雲からはもう一柱、表ヤポネシアを東へと向かった神がいる。それは、俗に国譲り神話という、オホクニヌシが高天の原の神々に討伐されてしまう物語のなかに登場する。そのなかの古事記にだけ載せられた神話だが、高天の原から三度目の遠征軍の頭領として降りてきたタケミカヅチ（建御雷神）がオホクニヌシの長男ヤヘコトシロヌシ（八重事代主神）を服従させた直後、さっそうと登場する神がいた。

さてそこで、タケミカヅチはオホクニヌシに問うて、「今、なんじの子コトシロヌシはこの国を奉ると申した。ほかに何か言いそうな子はおるのか」と言った。すると、「もう一人、わが子タケミナカタ（建御名方神）がおります。こやつを除いてほかにはおりません」とオホクニヌシが答えているところへ、そのタケミナカタが、お手玉でもするように大岩を掌にのせてやって来て、「どいつが俺の国に来て、こそこそと嗅ぎまわっているのだ。どうだ、俺と力比べでもしないか。受けるならば、まずお前の手を握ろう」と挑んだ。

それでタケミカヅチは、おのれの手をタケミナカタに握らせたが、握らせたと思う間もなく手を氷柱《つらら》に変え、すぐに剣の刃に変えてしまった。いかにタケミナカタといえど、おのれの力を示すことも出来ずに、怖気づいて手を引っ込めてしまった。するとタケミカヅチが、タケミナカタの手を摑んで握り返したが、握ったかと思うとまるで萌え出たばかりのやわらかな葦でも摑むが如くに握り潰し、体ごと放り投げてしまったので、さすがのタケミナカタも恐れをなして逃げ出してしまった。そこで後を追い、科野《しなの》の国の洲羽《すわ》の海で追い到り、殺そうとすると、タケミナカタは言った。

「許してくれ、どうか俺を殺さないでくれ。俺はこの地をのぞいて他の国には行かぬ。また、わが父オオクニヌシの言葉に背くことはしない。またわが兄ヤヘコトシロヌシの言葉にも背かない。この葦原の中つ国は、天つ神の御子のお言葉のままに、すべて差し出そう」と。

（古事記、上巻）


タケミナカタという名は、タケが猛々しいの意で神をほめる言葉、ミナカタは「ミ（ミヅ、水）＋ナ（〜の）＋カタ（潟）」の意で諏訪湖そのものの神格化とみなすのが一般的な解釈である。あるいは、ミナカタはムナカタ（宗像）に由来する名とする説もある（西郷信綱「国譲り神話」）。ムナカタとは玄界灘の海の民、宗像氏のことである。その海の民が姫川（奴奈川）を溯って上流に入り込み、諏訪湖の周辺に住みついたと考えるのである。そのような推測を可能にする

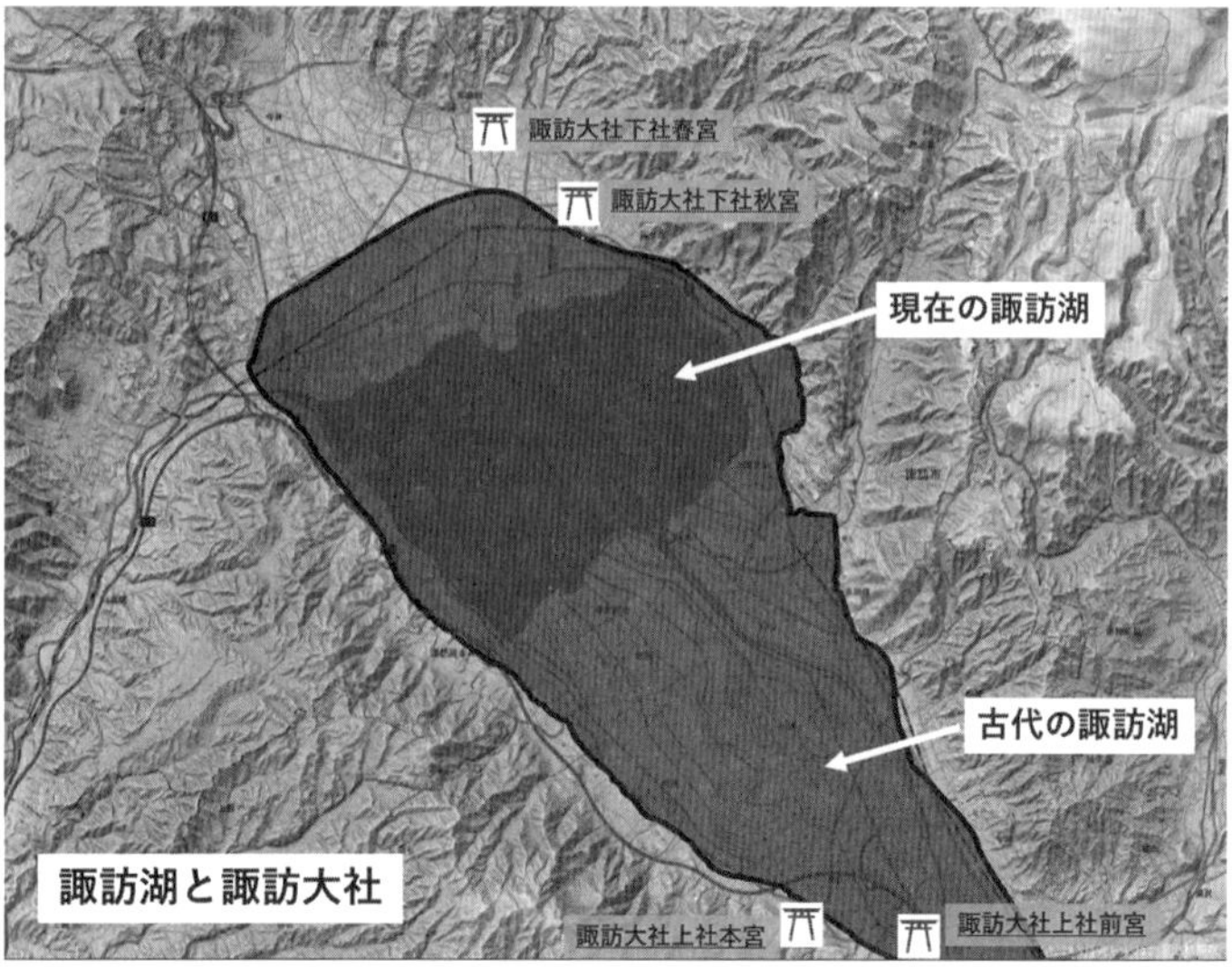

諏訪湖の南北に、諏訪大社上社と諏訪大社下社が建つ（長野県ＨＰより）。

のは、同じ川筋を溯って海の民が住みついたところが安曇野だと考えられるからである。その民というのは安曇氏で、ゆえにその地が安曇野と呼ばれることになったと言われている（第一章および二二五頁写真参照）。

　そのタケミナカタを祭神として祀るのが、諏訪大社だ。この神社は、諏訪湖を挟むように、北側に諏訪大社下社、南側に諏訪大社上社が建ち、下社には春宮と秋宮（ともに下諏訪町）、上社には本宮《ほんみや》（諏訪市中洲宮山）と前宮《まえみや》（茅野市宮川）が祀られている。その四つの社の祭神は、上社本宮がタケミナカタ（建御名方神）、上社前宮がヤサカトメ（八坂刀売神）を祀るのに対して、下社は春宮も秋宮もタケミナカタとヤサカトメの両神を主祭神とし、コトシロヌシ（事代主神）を併せ祀っている（三輪磐根『諏訪大社』）。下社のほうの祭神は、二月から七月までは春宮に、八月から一月までは秋宮に鎮座するかたちで住み処を移動するとされている。『延喜式』神名帳には「南方刀美《みなかたとみ》神社二座」（信濃国諏方郡）とあり、ミナカタトミと呼ばれていたらしい。「〜トミ」のトは格助詞「〜の」、ミは神霊をあらわす接辞だから、こちらも「ミナカタ」に主体があるのは同じであり、同一神の別称とみてよい。

諏訪大社上社本宮の一の柱（御柱）。

出雲から洲羽に逃げたタケミナカタが洲羽の地に祀られることになったという神話は、もともと洲羽に祀られていた水潟《みなかた》の神タケミナカタの鎮座由来譚として語り出されたのかもしれない。あるいは逆に、宗像氏の洲羽への定住がタケミナカタの敗走神話を生んだとも考えられる。

つながる表ヤポネシア

いずれにしても、洲羽（諏訪）のタケミナカタという神は、表ヤポネシアの筑紫あるいは出雲につながっているのである。そしてそのことは、四本の柱を社の四隅に立てることで有名な諏訪大社の「御柱」が、ヤポネシア表通りの文化的特徴のひとつであることからも確かめられる（八四頁参照）。その文化を運んだ道が、フォッサマグナ（大地溝帯）の西端を南北に通る糸魚川静岡構造線に沿った、糸魚川と諏訪とを結ぶ道である。そしてそこは、縄文時代から弥生時代にわたる長い期間、北からは翡翠が、南からは黒曜石が運ばれる重要な交易路であった。信州の和田峠・霧ヶ峰から八ヶ岳にいたる一帯には、良質の黒曜石が産出した。その黒曜石は、金属器が出現する以前の道具としてもっとも重要な利器であり、一方の翡翠は、実用性をまったく持たない最重要の呪具として存在した。この正反対にみえる物心二面を象徴する品が、海の道と陸の道との要となる沼河（奴奈川）を介して表ヤポネシアを行き来していたのである。

その諏訪と奴奈川との強い絆を象徴するように、『先代旧事本紀』巻四、地祇本紀には次のような興味深い伝えが遺されている。オホナムヂの系譜記事を列挙したところである。

大己貴《おほなむち》の神、（略）次に、高志《こし》の沼河姫《ぬながはひめ》を娶《めと》り一男を生む。児建御名方《こたけみなかた》の神は信濃の国諏方《すは》の郡《こほり》の諏方《すは》神社に坐す。

タケミナカタは、古事記ではオホクニヌシの子とあるだけで、母についてはふれていない。とところが、『先代旧事本紀』は母がヌナガハヒメだと明記する。撰録者がどこからこの伝えを手に入れたかは不明だが、撰録者の捏造とは考えられず、諏訪大社の古伝においても同様に伝えられていることからみても（三輪磐根『諏訪大社』）、古事記とは別系統の伝承のなかで、タケミナカタの母がヌナガハヒメであるとする伝えは有力だったと考えてよいだろう。

先にふれたように（二〇八頁）、ヌナガハヒメは、オホナムヂと結婚して出雲の美保郷にいるミホススミを生んだと、出雲国風土記は伝えていた。その二つの伝えをつなぐことによって、「出雲―奴奈川―諏訪」という三つの土地は結ばれる。そしてそればかりでなく、ミホススミという神は、能登半島の先端に祀られている須須《すず》神社（石川県珠洲市三崎町寺家）の祭神としても祀られており、オホナムヂとヌナガハヒメとのあいだに生まれたという、出雲のミホススミと同一の神話を伝えているのである。

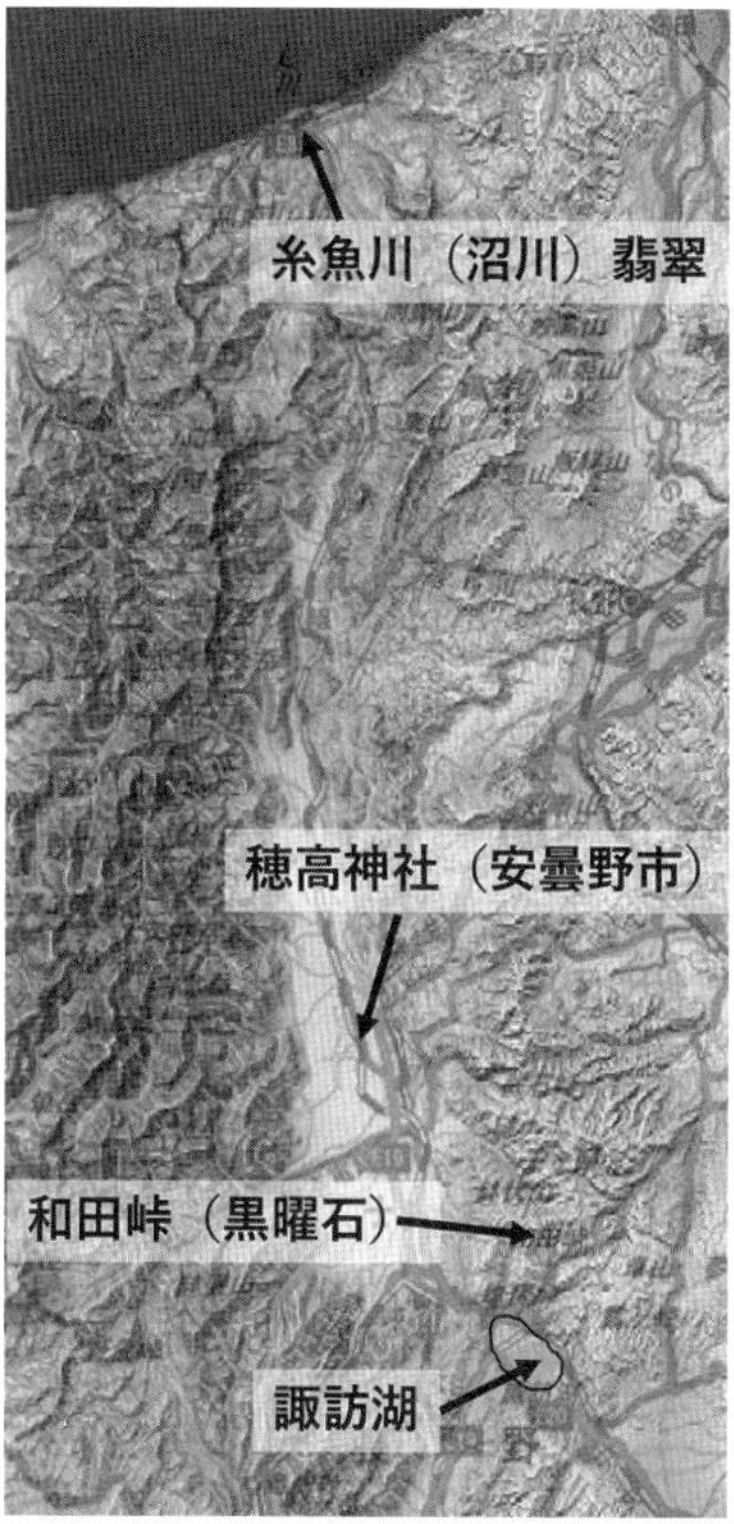

【糸魚川～諏訪】縄文時代から使われた翡翠と黒曜石の交易ルート。

能登半島の先端にある、ミホススミを祀る須須神社。

須須神社の現在の祭神は、天津日高彦穂瓊瓊杵《あまつひこひこほのににぎの》尊《みこと》・美穂須須美命・木花咲耶姫命《このはなのさくやびめのみこと》外三柱とされているが、ニニギやコノハナノサクヤビメというのはごく新しい時代に祀られるようになったと考えられる神で、ミホススミが元来の祭神であったことは間違いがない。その変転のあり方も、美保神社と似ていなくもない。須須神社の建つ地は、能登半島の先端、海に接してスダジイやタブノキなど照葉樹に包まれた小高い丘に位置している。ミホススミという神名の意味は、すでに述べた通り、ミホもススミも神の寄りつく岬をいうとみなせる。出雲の美保と能登の三崎が同一神を祀るというのは、まことに興味深い。

ヌナガハヒメとふたりの子、タケミナカタとミホススミとによって、ヤポネシアの表通りのメインストリートとみなしうる「出雲—能登—高志(奴奈川)—諏訪」が、一直線に結ばれるのである。しかもそれは、出雲のオホナムヂ(ヤチホ

巨大な船形の山車がぶつかる御船祭り（穂高神社、長野県安曇野市）。

コ）によってというよりは、ヌナガハヒメという女神によって果たされているという点に、わたしは大いに注目したいと思う。ヌナガハヒメという女神は、ヤチホコに迫られて結婚を許諾すると読めてしまいそうな歌謡物語のヒロインである。ところが真実は、表ヤポネシアの要の地にいて、その急所を牛耳っているのではないかと思わされてしまう強《した》かさがある。奴奈川（沼川）という土地を守る女神ヌナガハヒメとは、そのような力をもつ存在だったのかもしれない。

終章　国家に向かう前に

倭に先行した吉備と出雲の王権

文献に頼るかぎり、奴奈川の地から表ヤポネシアをさらに北に向かう方法はない。古事記に出てくる最北端の地は佐渡（佐度島）だが、それは、国生み神話において、イザナミ（伊耶那美命）が大八島国を生んだ時の、七番目の子として名前が出てくるだけで、ここでは扱いようがない。結局、爪先から頭のてっぺんまで、およそ三〇〇〇キロにもわたるヤポネシアのうちの膝小僧からみぞおちまで、全体の四分の一ほどを辿ってみることしかできなかった。ただそれでも、「日本」というのとはいささかなりとも違う風貌のなかにこの列島を置くことができたとすれば、本書の企てはひとまず成功したことになる。

律令国家が成立する以前、ヤポネシアの「表通り」は北の海に面してあった。そして、その段階では裏通りは存在しなかった。ところが、ヤマト王権が律令国家となり、中央集権的な政策によって陸路を主とした表通りを作ったことで、それ以前の、海路を主とした表通りは陸封され、裏通りになってしまった。しかも分断されるかたちで。

しかし、そのことを恨んでみても詮無いこと、歴史はそのように動いたに過ぎない。そしてその後、ヤポネシアはどうなったかといえば、今あるようになった。

当初の目論見としては、このあと本書は最後に第七章を立てて、出雲とヤマトとの関係、ヤマトに制圧された出雲について書く予定であった。しかし、やめることにした。書けることは決まっているからだ。出雲はヤマトに制圧され、「一つの日本」ができたとしか書けないのである。そして、出雲が制圧された道筋については、すでに『出雲神話論』でわたしなりの見解は述べており、新たなことは書きようがない。

古事記では、出雲が敗者の象徴として置かれた。ほかの地域も当然同じ道をたどり、その結果、ここで取り上げた表ヤポネシアの国々は、山陰道、北陸道という名の、ヤマトの都を起点とした道につながれた。それぞれの国には足枷がはめられ、抜けることも外れることも許されなくなった。しかも、隣り合っていても仲よくすることさえできず、ましてや、山陰道の諸国と北陸道の諸国は、直接行き来することさえできないかたちで分断されてしまった。そうすることで「日本」は生まれた。中央集権国家というのは、縦横無尽にネットワークを張りめぐらす世界ではなく、鵜匠が手にもつ紐につながれた鵜さながら、すべてが中心に集約された世界なのである。

その中心となった倭《やまと》の地に王権が兆す直前、吉備や出雲には、ヤマトに先行して王権的な状況が生まれつつあったのではないかと、考古学の松木《まつぎ》武彦は示唆している（『列島創世記』）。弥生時代後期（紀元後一〜二世紀）になると、出雲地域では「個人の墓を大きくつくる風習が発達」し、吉備地域では「青銅製祭器がみられなくなる」という（二八三頁）。そしてその原因は、これら二つの地域では「墳墓という個人の威信や地位を演出する物質文化」を持ったことにあり（二八六頁）、そこからみて、この二つの地域にはヤマトに先行して王権的な世界を創出する可能性があったと松木は考えるのである。

ところが盆地のなかに出現した後進のヤマトが、先進地の一つ吉備を巻き込んで出雲を討伐し王権を作り上げたというのが、一つの日本への始まりであった。その辺りが、現在の、国家の成立に関する歴史学の見立てということになる。それはそれでいいし、動かしようがない。

ただそこで一つだけ考えてみたいのは、歴史にはありえないという「もし」である。もし、出雲が討伐されることなく、そのまま進んでいったらどうなったか。別に出雲でなくてもいい。筑紫でもかまわないし吉備でもいい。いや、出雲も筑紫も吉備も、ヤマトに屈することなく存在し続けたとしたらどうなったか。そのことだけは、少し考えておきたい気がするのである。

いちばん考えやすいのは、それぞれが独自に発展してクニを作ったという想定だろう。そうするとどうなったか。朝鮮半島に誕生した諸国がそうであったように、中世末の日本列島にいくつも出現した戦国大名がそうであったように、相互に戦いを繰り広げ、権謀術数の果てに隣の大国と組んだ新羅が成し遂げたように、血みどろの戦いの果てに徳川が成し遂げたように、国土とやらを統一するという道筋を歩むことになったのか。

古代ヤポネシアの場合、その争乱は列島内部では収まらず、朝鮮あるいは中国を巻き込むかたちで、結果的には海彼の帝国の属国になるという道筋も大いにありえたかもしれない。ただ幸運なことにと言うべきか、朝鮮半島とは違って大陸とのあいだには海があった。

　いずれにしろ、いくつかの勢力が並立した果てには、幸せだったとはとても言えそうにない戦乱と統一の繰り返しというような道筋しか描けないのだろうか、なんとも情けないと言うしかないが。そうではない道筋はなかったのか。想像するだけならなんとでもというのではなく、中央集権的な国家への道だけではない選択もあったはずだと思いたいではないか。

　そこで、もし、ヤマトが出雲に手を出さなければどうなっていたかを考えてみた。

　今まで取り上げてきた断片的な資料のなかで、出雲と筑紫、出雲と高志、出雲と新羅とのあいだには、かなり親密なネットワークが存在していたのは明らかである。もちろん、出雲も一つではなく、宍道湖の西に勢力をもつ神門氏と、東に勢力をもつ出雲（淤宇）氏とでは立場もつながり方も違っていたはずだが、ここではひとまず一括して出雲と呼んでおく。その出雲は、古事記ではヤマトと拮抗するような巨大な勢力として描かれているが、では筑紫に対して威嚇や制圧に及ぶというようなかたちで相手に対峙していたかというと、少なくとも、そのような痕跡は見いだせない。あるのは、海を通した交流や交易というつながりだ。

　ただし、筑紫や新羅との関係については資料がほとんどないので深入りするのは不可能だ。それができるとすれば唯一、高志と出雲との関係だけではないかと思うので、ここでは両者の関係に立ち入ってみたい。

　たとえば、古事記に描かれたスサノヲ（須佐之男命）によるヲロチ（遠呂知）退治神話では、ヲロチの正式な名前が「高志之八俣遠呂知《こしのやまたのをろち》」となっている。その「高志」は言うまでもなく北陸地方をさす呼称であり、この神話の舞台になっている出雲からみて、高志（越）が未開世界の言い換えとして存在する。そして、野蛮性を象徴するのが異形なる八俣のヲロチという正体不明の怪物なのである。ヲロチという語は、「ヲ（尾）＋ロ（古い格助詞で「〜の」の意）＋チ（霊力をあらわす接辞）」で、「尾の霊力」という意味だ。

この神話は日本書紀にもあるが、そこには高志（越）という名も越国からやってきたという記述もなく「大蛇」と表記されるだけである。それは、古事記がもつ、高志に対する出雲からの独自の視座を、日本書紀はいっさい持たないからだ。それに対して古事記のヲロチ退治神話には、出雲と高志との関係が、出雲からの視座によって描かれている。その点で、古事記のヲロチ退治神話は出雲の神話になっているということができるのである。ここに見いだせるのは、出雲にとっての野蛮で未開な高志という世界である。

また、ヤチホコ（八千矛神）のヌナガハヒメ（沼河比売）求婚物語における出雲と高志との関係からは何が読めるか。よその土地の女性を求婚するというのは、一般的にはその土地を領有するのと等価な行為として説明される。たしかに、ヤチホコという武神が高志を攻めて土地の女神を手に入れたと読めば、出雲による高志の制圧という説明は可能である。

これらの伝承を踏まえていえば、圧倒的に優位な出雲と、搾取される高志という構図がおのずから浮かび上がる。だが、その説明でよいかというと、気になるところがないわけではない。それは、もうひとりの女神の描かれ方である。

二人の女神

古事記には語られていなかったが、出雲国風土記や『先代旧事本紀』の伝えによれば、ヌナガハヒメは、出雲の美保と能登の須須（珠洲）との二つの土地に祀られるミホススミ（御穂須須美命）の母であり、諏訪大社の祭神タケミナカタ（建御名方神）の母でもあった。父はヤチホコであり国作らしし大神オホナモチ（大穴持命）である。第六章で述べたように、この高志国の女神ヌナガハヒメによって、「諏訪—高志（奴奈川）—能登—出雲」というヤポネシアのメインルートはつながれているのである。そこには、従属的なというよりは、きわめて積極的なかたちでヌナガハヒメの力が作用しているようにみえる。

そのようにヌナガハヒメを位置づけた時、もうひとりヤガミヒメ（八上比売）という女神を思い出す（第二章参照）。古事記で、稲羽の白うさぎを治療したオホナムヂ（大穴牟遅神）が手に入れた相手で、根の堅州の国での試練を経たのちに王となったオホクニヌシ（大国主神）は、ヤガミヒメと結婚する。ところがそこには、あまり幸せとは言えない結末が待っていた。

ヤガミヒメは前の約束の通りに（オホクニヌシと）結婚する。そしてヤガミヒメを出雲の国に連れてきたが、あの正妻スセリビメ（須世理毘売）の妬みに恐れて、生んだ子を木の俣に刺し挟んで稲羽の国に帰った。そこで、その子を名づけて、キノマタ（木俣神）と云い、またの名をミヰ（御井神）とも謂う。

（古事記、上巻）

せっかく兄たちを拒んでオホクニヌシ（オホナムヂ）と結婚したのに、可哀そうなお姫さまということになってしまったのだが、考えてみれば、ずいぶん行動的で積極的な女性である。兄たちの求婚をきっぱりと拒み、ウサギ神に命じて男たちを試させたのもヤガミヒメであり、ヤガミヒメが取り仕切るかたちでオホクニヌシとの結婚は果たされた。しかも、正妻の嫉妬がひどいことを知ると、子どもを置いてさっさと実家のある稲羽の八上の地に帰ってしまう。領土を侵略され、その人質のようにして出雲に連れてこられたお姫さまというのとはまったく別の像を、ヤガミヒメは浮かび上がらせている。

ここにみられる出雲と稲羽との関係を踏まえた上で、イクメイリビコ（垂仁天皇）の許に嫁がされた、旦波の女性たちを思い出してみる。古事記のマトノヒメ（円野比売）も日本書紀のタカノヒメ（竹野媛）も（第三章参照）、姿が醜いという理由で天皇に追い返され、途中で自死して果てた。それは意志的な行為ではなく、そのように追い詰められたのちに残された唯一の道が死であった。また、ヤガミヒメの子孫であろう八上采女は、安貴王との恋を理由に故郷に返されたと万葉集は伝えていた。

権力者の前に人質的に召し出された女性は、そのようにして王や権力者に翻弄される。それは、国家と従属した地方という関係のなかに女たちが置かれ、自らの意志を示す隙などどこにも存在しないからである。黙って返されるか、返される途中で死を選ぶか、それ以外には選択肢はない。当然、死は自らの意志ではない。ヤマトと地方との関係はそのように存在する。

それに対して、オホクニヌシのもとを去ったヤガミヒメの行動は違っている。そこでは、出雲と稲羽との関係が、支配と従属という関係には置かれていないのである。それは、高志のヌナガハヒメと出雲のヤチホコ（オホナムヂ）との関係も同じようにみえる。ヌナガハヒメはヤチホコに対して、対等以上の積極性をもっているからである。求婚を拒んだ上で、自らの意志で受け入れている。そこに支配と従属という関係が介在していないのは、ヌナガハヒメには翡翠という切り札があったということがかかわっているのかもしれない。

高志人、出雲に来て堤をつくる

そこに、もう一つの高志と出雲との関係をつないでみる。出雲国風土記には、高志人の出雲での活動を伝える次のような伝承が存在するのである。

古志《こし》の郷　郡役所の所在地である。イザナミ（伊弉弥命）の時代、日淵川を利用して池を築造した。その時、古志の国の人たちがやって来て堤を造り、宿泊した所である。そこで、古志と呼ぶ。（出雲国風土記、神門郡）

狭結《さゆふ》の駅《うまや》　郡役所と同じ所である。古志の国の佐与布《さよふ》という人がやって来て住んだ。そこで、最邑《さいふ》という。〔神亀三年に漢字を狭結に改めた。その来たり住んだ理由は古志の郷と同じである〕（同前、神門郡）

神門氏の勢力圏である出雲平野の開拓に関する記事である。日淵川というのは、現在は保知石《ほじし》川と呼ばれる川のことで、神西湖《じんざい》の東に位置して神西湖に流入し、神戸川水系に属している。古代においては、神戸川と出雲大川（斐伊川）の下流域は、「神門の水海」と呼ばれる巨大なラグーン（潟湖）と湿地帯が広がっており、ヲロチ退治神話の背景にもなっているように、治水が大きな課題であった。その治水のための堤防工事に、古志（高志と同じ）の人たちが来て居住していたというのである。現在も、この地域に古志という地名が残るのはその名残である。

たんに労働力として連れてきて使役していたというふうに説明すると、律令国家の課役のようになってしまうが、ここはそのようなあり方とは違っている。というのは、佐与布という固有名詞をもつ人物がいて、その名が駅の名（地名）に付けられているという事実である。おそらく佐与布というのは、この土木事業の指導者の立場にある人物と思われるのだが、そうした技術者が古志にはいて、出雲までやって来て治水事業を取り仕切る。それは、出雲にはない技術力を彼らが持っていたからだと考えなければ説明できない。

ヲロチ退治やヤチホコの歌謡など、出雲の立場で語られ書かれた文献を読むから出雲の優位性が強調されるのであって、同じ出雲の側の資料である出雲国風土記からこうした事例が見いだせるというのは、出雲と古志（高志）とのあいだには、優劣というのとは別の関係を見いだす必要があるということを示唆している。

それは、すでに見てきたように、北陸地方が、海彼の高句麗や渤海などときわめて近しい関係にある先進地帯として存在したという事実と重ねられよう。そうしたあり方をここに当てはめれば、高志（古志）の見え方も変わってくるはずだ。少なくとも、出雲の側の搾取というかたちでこれらの資料を読むのは一方的に過ぎるというべきである。

対等な関係

ヤポネシアの表通りを歩いてみると、筑紫にも出雲や八上にも、但馬・丹後、若狭にも、そして角鹿（敦賀）にも能登にも奴奈川にも、至るところに拠点といえる土地があり、それぞれが独自性を保っているようにみえた。豊富にあるわけではないが、遺された文献を追ってくると、それぞれの土地が対等なかたちで向き合っている痕跡を見いだすことができた。

そこには、地形的に恵まれた大小のラグーン（潟湖）があり、それぞれの拠点は海の道によってつながれているというあり方が関与しているようにみえる。少なくとも、律令国家が介在する以前には、陸の道の痕跡はほとんど存在しないとみていい。それゆえに、隔てられて存在する拠点と拠点は、支配と従属という関係ではなく、並列された関係のなかに置かれるしかなかったのではないか。海の道というのはそのような関係を作り出すのだ。そして、そのなかでこそ、交易と流通は成り立つのである。当然、海のかなたの世界とも同様な関係を育む以外に、関係は成立しないし保てない。その辺りの状況を、網野善彦は的確に、次のように論じている。

漁撈・製塩だけでなく、船による交易にも携わったこれらの海民は、列島の島々、朝鮮半島、中国大陸の間を結びつける海上交通の担い手であった。縄文時代、新潟から北海道にヒスイがもたらされ、沿海州、朝鮮半島東南岸、北九州等に共通した漁撈民の文化が見られることなどからも知られるように、海を通じての広域的な交流は古くから意外なほどに緊密であった。もとより稲作、金属器等も海を通って北九州にもたらされ、海上の道によって、列島の東部まで急速に伝播していったが、これらはみな海民の活動と深く結びついていたのである。それに支えられ、朝鮮半島・中国大陸・日本列島の間の交流は、その後、一層、活発になり、弥生時代から古墳時代にかけて、海を舞台とした「日本海世界」「東シナ海世界」ともいうべき結びつきも形成されはじめた。しかし中国大陸で唐帝国が成立し、朝鮮半島が新羅に統一され、倭が「日本」を国号とする本格的な国家となるに及んで、国家間の戦争、軍事的な対立の中で、海を、「国境」とみる見方が、支配層を中心に表面化し、律令国家も船・海民を組織化して交流を国家的な使者の派遣・招致に限定するとともに、陸上交通を基本とする交通体系の確立に力を注いだのである。

（『海民と日本社会』二七〜二八頁）

国家以前の社会と言えばいいか、非国家的社会と言えばいいか。少なくとも海民の社会にとって、国境は、その活動を閉じさせる障害物以外の何物でもない。しかも、船による海の道の移動には、陸上では必要な面とか線とかを、必ずしも必要とはしていない。海を移動する場合には、点と点とをつなぐかたちで流通も交易も成立するのである。それゆえに、隣を飛び越えて、ずっと遠くと直接につながることもできてしまう。律令における陸の道の整備は、そうしたつながりを遮断するためにも必要だったのである。網野の発言に一つだけ訂正を加えれば、引用五行目の

「北九州」は「日本海沿岸地域」とすべきである。

富というのは蓄積するものではない。移動する者にとっては、船に積める以上の物を手に入れたとしても財産にはならない。そのように思考する海民社会が存在したとしても、何ら不思議ではないと思う。あらゆる集団が富を蓄積すれば階級を生み、権力が芽生えればクニと支配者を要求し国家を欲求する、というような過程をどの社会においても段階的に辿るものなのかどうか。そう考えれば、ピエール・クラストルのいう「国家に抗する社会」というのも、案外、絵に描いた餅ではないと思えるのである（『国家に抗する社会』）。

垂直と水平とが交わる世界

高天の原から山の上に始祖が降りてきて地上を支配するというような山上降臨神話を読んでいると、たしかに中央集権的な国家への指向が濃厚に存することが窺える。そして、そのような天孫降臨神話をもって列島にやって来たのは、弥生時代の形成に大きく関与したと考えられる北方系の人びとであったことが明らかにされている。一方、日本人の形成には古層の縄文人や海民などがかかわっており、彼らはどちらかといえば、水平的な思考をもっていたと考えられるのである。そうした両者の混血の果てに、われわれはヤポネシアに生きている。

そのあたりのことはすでに早く、文化人類学における文化複合研究の成果として示されていた。その先駆けになったのは一九五〇年代に発表された岡正雄による一連の論文である（『異人その他』所収）。そのなかで岡は次のように言う（引用は、大林太良編の岩波文庫による）。

神出現の表象に、著しく対照的な二つの型、すなわち、神の出現を、㈠垂直的に表象するものと、㈡水平的に表象するもの、との二つの形態がある。㈠の形態では、神は天上にあり、人間界への出現は降臨の形をとり、（略）㈡の形態は、神は妣《はは》の国あるいは地下界にあり、彼方・彼岸から村々に訪れてくるという水平的出現表象である。（九頁）

要するに日本固有文化は、南中国、江南地域、インドネシア方面から渡来したいくつかの農耕民文化の分厚い地盤の上に、支配者文化が被覆してできあがった混合文化であるといってよい。（六四頁）

いわゆる弥生時代を形成したと考えられる農耕民文化がどこから入ったか、岡が言うように南としてよいか。神話的に言えば、北方的な垂直型の降臨神話をもって入ってきた人びとのなかに農耕的な要素が含まれていたと考えられるわけで、日本固有文化が「農耕民文化の分厚い地盤の上に、支配者文化が被覆して」できたというのはいささか納得しにくい説明である。「支配者文化」というのは、稲作をもった北方系の人びとではなかったのか。しかし、稲作と北方系とは相反する要素をもつわけで、これもまた疑問がないわけではない。

岡が指摘する「南中国、江南地域、インドネシア方面」からの渡来者の主体を、海民的な性格をもった人びとであったと考えるとどうか。そして彼らは、いわゆる縄文的な人びとと、弥生的な人びととのあいだに入り込んできた、というようなことも十分に考えられるのではないかと思うのである。この辺りの考え方は、形質人類学者の埴原和郎が提起した、日本人の起源に関する「二重構造モデル」(『日本人の誕生』)に基づきながら、その修正案としての「三段階渡来モデル」を提起する遺伝子研究者の斎藤成也《なるや》の見解(『核DNA解析でたどる日本人の源流』)を踏まえるかたちで想定したことである。

斎藤によれば、今から四四〇〇〜三〇〇〇年前(縄文時代の後期と晩期)の時代に新たに入ってきた人びとがあり、それは、「朝鮮半島、遼東半島、山東半島にかこまれた沿岸域およびその周辺の『海の民』だった可能性がある」と言う(一六八頁)。そして、そのあと三〇〇〇年前以降に北方から朝鮮半島を経由して入ってきたのが弥生系の人びとということになるのだが、斎藤は、「日本神話に登場する国津神と天津神は、それぞれ第二段階と第三段階の渡来人の象徴的呼び方であるといえるのではなかろうか」と想定する(一七二頁)。

遺伝子研究者がこのようなかたちで神話に言及するのはめずらしいと思うが、なかなか興味深い仮説ではある。核DNA研究は今後急速に進展し、日本人の起源に関しても今以上に解明されるのは間違いないが、そうしたなかで、古事記に見いだせる水平的世界観と垂直的世界観の混在構造がよって来たる道筋も明らかになることを期待している。そして、水平的な思考というのは、どのように考えても、広々とした水平線に向き合った海の民の生活と切り離せないように思う。

国家を指向しない人びと

本書で論じてきたことにかかわらせれば、ヤポネシア「表通り」における海民的文化の痕跡を、斎藤のいう第二段階に重ねてみると、述べてきたことはとても腑に落ちる。とすれば、その段階において、稲作を含めて岡正雄のいう「農耕民文化」も入ってきたとみることは、決して不可能ではないのではないか。縄文時代の後期あるいは晩期にすでに稲作が行われていたという近年の見解とも矛盾することはない。

すでに旧聞に属することだが、日本に伝来した稲には熱帯ジャポニカと温帯ジャポニカがあり、縄文時代に栽培されていたのは、おもに焼畑による熱帯ジャポニカであった。佐藤洋一郎によれば、その熱帯ジャポニカの栽培地は「中国南西部からインドシナ奥地にかけてと、フィリピンからインドネシアなど熱帯島嶼《とうしょ》部」の広い地域にわたり、今はまだヤポネシアへの渡来元は特定できないと言う。ただ伝播ルートとしては、海人たちの道である「海上の道」を想定するのが、「日本列島やその周辺地域にある在来品種におけるいくつかの遺伝子の分布」からみて考えやすいと佐藤は述べている（『稲の日本史』七八〜八三頁）。

そうした初期段階の稲作をヤポネシアにもたらしたのが海民であったとすれば、すべてのピースはつながるのではないか。そもそも稲作をはじめとした栽培文化が、いつもそれ単独で生業として存在したと考えなければならない必然性はどこにもない。九州の海民は騎馬を得意としていたし、ずっと後世のことだとしても、農耕と漁撈は共存していた。

その第二段階に対して、そのあとに入ってきた大陸的な性格をもつ第三段階の人びとのなかに強くはらまれていたのが、選ばれた唯一の王による支配という集権的な指向性だった。朝鮮半島に成立した国々も、大王（天皇）が支配することになったヤマト（日本）も、似た者同士ではないかと考えると、納得できるところがたくさん出てくる。それゆえに、時に近親憎悪的な感情が吹き出してしまう。そして、彼らの頭上には、ひれ伏すしかない強大な漢民族が君臨する。

その中国大陸において、数多《あまた》ある少数民族のなかで、漢民族の集権的権力支配に対抗しようとして権力を指向したのはモンゴル族など一部の北方騎馬民族だけだったのはなぜか。それ以外の少数民族は、未開か否かの問題ではなく、そもそも国家を指向する意志といったものをもっていたのかどうか。台湾をみても、数多い少数民族が居住しながら、一つの国家を求めようとしたのは近代に入りこんだ漢民族だけで、もともとの先住民は台湾統一というようなことは考えもしなかったのではないか。

日本列島の場合も同じだ。アイヌが国家への意志を示したことがあったかと言えば、そんなことは一度もなかっただろう。作れなかったのではなくて、作ろうなどとは考えることすらしなかった。おそらくそこには、経済的な発展とか文化の発達度とは別の要素が大きく関与しているのだと思う。それこそ、国家を指向する人びとと、それを指向しない人びとがいるかもしれないということを、地球全体のなかで考えてみてもいいのではないかと思う。

クラストルは、『国家に抗する社会』のなかでそのようなことを考えようとしたのではなかったか。そして、国家とは何かという問題は、そのようにして青臭く考えてみたほうがいいというのが、古代ヤポネシアの「表通り」を歩きながらわたしが考えたことであった。

あとがき

まさか、二〇一九年暮れに気配をみせた新型コロナウイルス（SARS-CoV-2）が、これほど長く世界中の人びとを混乱の渦に巻き込んでしまうとは思いもしなかった。もちろん、古代ヤポネシアにも、中世ヨーロッパにも感染症のパンデミックはあって、人びとは苦しめられてきた。しかし、それらは克服された過去の出来事として歴史の一こまに記述され、今回のウイルスなど現代の医学をもってすれば容易に鎮静化できるだろうと高を括っていた。ところが未知の感染症というのは、すべての天災ともあらゆる人災とも別の、とんでもない相手だった。

他の災厄との違いは、地域や環境を問わず地球全体を覆い尽くしてしまったことだ。しかも、その拡散の規模とスピードは過去の感染症では考えられないもので、そこだけを強調すれば、今回の新型コロナウイルスは二〇一一年の炉心溶融とともに、現代社会が生み出した人災という側面を否定できない。まさに、世界は一つ人類みな兄弟というわけだ、恐ろしいことに。

本書は、その目に見えない相手に困惑し巣籠もりしながら考え続け書き継いできた結果ということになるが、パンデミックに立ち向かうための処方箋になっているわけではない。ただ、パンデミックのなかで考えたからこのような内容になったのはたしかだ。

時はパンデミック以前、新潮新書編集部の松倉裕子さんから古事記の旅をテーマにした新書を、というお誘いを受けて本書の短い歴史は始まった。前に出した『古事記を旅する』が絶版になり新たな旅案内がほしかったのに加え、家族に対して旅に出る口実が作りやすいこともあって二つ返事で誘いに乗ったわたしは、二〇一九年春から某カルチャーセンターに関連講座を開設するとともに、各地に出かけて歩きまわり、資料の収集や原稿の整理にも着手した。ところがパンデミックが広がるとともに、当初の企画は微妙に変化していった。

ただし、その変化はパンデミックだけが原因ではなく、わたし自身の古代研究がおのずとそうした方向へと舵を切らせたのだと思う。流れとしては『出雲神話論』の続篇に位置づけられる本書は、前著では出雲に絞っていた焦点をヤポネシア表通りへと開放していったのである。

古事記をはじめて読んだのが一九六七年である者としては、その研究が国家と対峙してしまうのは当然のことだと思っている。そして、古事記が語る神話や伝承の多くは、国家や天皇から排除され殺された側に向きあっているというのが、半世紀を経た読みの果てに辿りついたわたしの古事記観である。少なくとも、日本書紀に描かれる中央集権的な国家を希求した者たちからは隔たったところで、古事記の基層は形成されている。

そのように考えるわたしがめざしたのは、古事記に寄り添い古事記から飛躍しながら、律令以前の列島とそこに暮らす人びとへと錘鉛《すいえん》を下ろすことであった。古事記はもちろん、日本書紀・風土記・万葉集など古代の文献を読み込むとともに隣接諸分野の研究成果を吸収することで、国家への道を歩もうとしたのとは別の、列島のありようを探ってみたいと思ったのである。

畏友、赤坂憲雄に『東西／南北考――いくつもの日本へ――』という著作がある。すでに世に出て二〇年になるが、日本列島を東西軸によって考えるという従来の見方から離れて、列島を分析する座標軸を南／北に変換し、その裂け目に注目しながら列島の多様なあり方を見いだそうとしたのである。そこに示された「いくつもの日本」というテーゼは、〝今も〟ではなく今こそ、中央集権的な国家ではない「日本」を指向するのに欠かせない立脚点になるはずだ。

その「いくつもの日本」に架橋したいという意図もあって赤坂との対談集『列島語り　出雲・遠野・風土記』を出したが、そこで論じきれなかった第5章「忘れ去られた海の道」を本書は引き継いでいる。また、全体の構成は『古事記を旅する』第一部を受け継いだ。

赤坂をはじめとした先行研究に刺激を受け、わたし自身の仕事を展開させながら本書で試みたのは、日本列島を三枚に下ろしてみることだった。三枚といっても真ん中は骨で食べられないから、日本列島を細長い二枚の身に捌いた上で、日本海側の一枚に「ヤポネシア表通り」と名を付けて歩いてみたのである。東西でも南北でもないもう一つのヤポネシアにこそ、律令以前、国家以前とも言うべき、名付け前の「日本」が潜んでいると考えたからである。

東西にしろ南北にしろ、二分された世界というのは存在した途端に対立を抱え込んでしまうのに対して、下ろし身のヤポネシアには自在で緩やかなつながりが存在するように見える。ただし、下ろし身にはもう半身があって東西や南北と同様に二分されているではないかという反論が出るはずだ。しかし、それが東西や南北による二分と違うのは、二枚の半身は相似形であり、対立や優劣を孕まないところである。それゆえに、入れ代わることもできるし一つにもなれる。

むろん、歴史的な現実としては、ヤマトという異形なるものの出現によって、相似形であった二枚の半身は東西あるいは南北に二分された世界へと変容を強いられてゆく。そして、その時からヤポネシアは一つのニッポンへの道を突き進むことになった。

おそらく、新書にと誘ったはずなのにいつの間にやら選書にトレードせざるをえない内容と分量になってしまって、と首を傾げながら本書の企画から完成までを穏やかに先導してくださった松倉裕子さんに心より感謝します。地図や図版の作成、資料の借用などすべての作業をてきぱきと片づけていただいたおかげで、読みやすい本に仕上がってうれしい。また、とんでもない誤りや変換ミスが散らばったゲラをしっかりと確認してくださった校閲の方々、トレードを受け入れていただいた選書編集長をはじめ出版にかかわってくださった皆さんに、お礼を申します。

はじめて出る新潮社からの単著が、ひとりでも多くの読者に届くことを願いつつ。

二〇二一年八月　たそがれ時に

三浦佑之

参考文献

赤坂憲雄『東西／南北考―いくつもの日本へ―』岩波新書、二〇〇〇年
赤坂憲雄・三浦佑之『列島語り　出雲・遠野・風土記』青土社、二〇一七年
網野善彦『海民と日本社会』新人物往来社、一九九八年
――『日本の歴史00　「日本」とは何か』講談社、二〇〇〇年
網野善彦・大林太良・谷川健一・宮田登・森浩一編『海と列島文化1　日本海と北国文化』小学館、一九九〇年
荒井登志夫『出雲と越の墳丘墓と神話―古代日本の政治経済文化の探求Ⅲ―』歴研、二〇〇八年
石川県教育委員会編『小松市　八日市地方遺跡』石川県教育委員会・石川県埋蔵文化財センターほか、二〇一九年
石川梵『鯨人』集英社新書、二〇一一年
石母田正「古代文学成立の一過程―『出雲国風土記』所収「国引き」の詞章の分析―」（一九五七年発表）『神話と文学』岩波現代文庫、二〇〇〇年
いずし但馬・理想の都の祭典実行委員会編『環日本海歴史文化シンポジウム　渡来の神　天日槍』同委員会、一九九五年
市川健夫編『青潮文化　日本海をめぐる新文化論』古今書院、一九九七年
上田雄「渤海史の研究」上田正昭監修『古代日本と渤海　能登からみた東アジア』大巧社、二〇〇五年
上田雄・孫栄健『日本渤海交渉史』六興出版、一九九〇年
おおい町立郷土史料館編『大島半島のニソの杜の習俗調査報告書―本文編―』おおい町教育委員会、二〇一八年
――『大島半島のニソの杜の習俗調査報告書―資料編―』おおい町教育委員会、二〇一八年
――『ニソの杜と先祖祭り　大島半島のニソの杜の習俗調査報告書刊行記念公開シンポジウム記録集』おおい町教育委員会、二〇一九年
大橋信弥『継体天皇と即位の謎』吉川弘文館、二〇〇七年
大林太良編『岡正雄論文集　異人その他　他十二篇』岩波文庫、一九九四年
岡正雄『異人その他　日本民族＝文化の源流と日本国家の形成』言叢社、一九七九年
岡田精司「即位儀礼としての八十嶋祭」『古代王権の祭祀と神話』塙書房、一九七〇年
岡本雅享『出雲を原郷とする人たち』藤原書店、二〇一六年

澤瀉久孝『萬葉集注釋　巻第十七』中央公論社、一九六七年
折口信夫「春来る鬼」『折口信夫全集』第十五巻、中央公論社、一九五五年
角川源義『悲劇文學の發生』青磁社、一九四二年
――「和邇部の伝承――婚姻説話と誇張咄と」「まぼろしの豪族和邇氏」「日本海時代――海の古代史」『悲劇文学の発生・まぼろしの豪族和邇氏』角川ソフィア文庫、二〇一七年
門脇禎二「丹後王国論序説」『日本海域の古代史』東京大学出版会、一九八六年
蒲生俊敬『日本海　その深層で起こっていること』講談社ブルーバックス、二〇一六年
川野和昭「薩摩・大隅のモイドン（森殿）とウッガン（内神）―その変遷をめぐって―」おおい町立郷土史料館編『ニソの杜と先祖祭り』おおい町教育委員会、二〇一九年
河野義禮「本邦に於ける翡翠の新産出及び其化学性質」『岩石礦物礦床學』22－5、日本鉱物科学会、一九三九年
川村俊彦「古代敦賀津と松原客館について」『石川県埋蔵文化財情報』第13号、石川県埋蔵文化財センター、二〇〇五年
京丹後市教育委員会文化財保護課編『古代丹後の原風景』同課発行、二〇一〇年
クラストル・ピエール『国家に抗する社会　政治人類学研究』書肆風の薔薇／白馬書房、一九八七年
黒板勝美編『新訂増補 国史大系第八巻　日本書紀私記　釋日本紀　日本逸史』国史大系刊行会、一九三二年
小路田泰直『邪馬台国と「鉄の道」　日本の原形を探究する』歴史新書y、洋泉社、二〇一一年
小嶋芳孝「高句麗・渤海との交流」『海と列島文化1　日本海と北国文化』小学館、一九九〇年
小島瓔禮「オホクニヌシと因幡の白兎」門田眞知子編『比較神話から読み解く 因幡の白兎神話の謎』今井出版、二〇〇八年
西郷信綱「国譲り神話」『古事記研究』未來社、一九七三年
――『古事記注釈』第三巻、平凡社、一九八八年
斎藤たま『野にあそぶ　自然の中の子供』平凡社ライブラリー、二〇〇〇年
斎藤成也『核ＤＮＡ解析でたどる日本人の源流』河出書房新社、二〇一七年
佐藤洋一郎『稲の日本史』角川選書、二〇〇二年／角川ソフィア文庫、二〇一八年
篠田謙一・神澤秀明・角田恒雄・安達登「鳥取県鳥取市青谷上寺地遺跡出土弥生後期人骨のＤＮＡ分析」『国立歴史民俗博物館研究報告』第２１９集、二〇二〇年

島尾敏雄編『ヤポネシア序説』創樹社、一九七七年
島根県立古代出雲歴史博物館編『弥生王墓誕生　出雲に王が誕生したとき』ハーベスト出版、二〇〇七年
千家和比古・松本岩雄編『出雲大社　日本の神祭りの源流』柊風舎、二〇一三年
谷川健一『日本の地名』岩波新書、一九九七年
――『続　日本の地名――動物地名をたずねて――』岩波新書、一九九八年
田村克己「気多・気比の神――海から来るものの神話――」『海と列島文化1　日本海と北国文化』小学館、一九九〇年
辻尾榮市『舟船考古学』ニューサイエンス社、二〇一八年
土田孝雄『翠《みどり》の古代史　ヒスイ文化の源流をさぐる』奴奈川郷土文化研究会、一九八二年
寺村光晴『翡翠――日本のヒスイとその謎を探る――』養神書院、一九六八年
――『日本の翡翠　その謎を探る』吉川弘文館、一九九五年
中西進『大和の大王たち　古事記をよむ3』角川書店、一九八六年
中野美代子『日本海ものがたり　世界地図からの旅』岩波書店、二〇一五年
長野正孝『古代史の謎は「海路」で解ける　卑弥呼や「倭の五王」の海に漕ぎ出す』PHP新書、二〇一五年
能登町真脇遺跡縄文館編『新図説　真脇遺跡』能登町教育委員会、二〇一三年
野本寛一「森の諸相」（おおい町立郷土資料館編『大島半島のニソの杜の習俗調査報告書―資料編―』おおい町教育委員会、二〇一八年）
ハーン・ラフカディオ『新編日本の面影』池田雅之訳、角川ソフィア文庫、二〇〇〇年
埴原和郎『日本人の誕生　人類はるかなる旅』吉川弘文館、一九九六年
林謙作「縄文時代」坪井清足監修『図説　発掘が語る日本史　第一巻　北海道・東北編』新人物往来社、一九八六年
藤田富士夫『古代の日本海文化　海人文化の伝統と交流』中公新書、一九九〇年
――『玉とヒスイ――環日本海の交流をめぐって』同朋舎出版、一九九二年
――『縄文再発見　日本海文化の原像』大巧社、一九九八年
――「古代出雲大社本殿成立のプロセスに関する考古学的考察」『立正史学』第九九号、二〇〇六年三月
古廐忠夫『裏日本――近代日本を問いなおす――』岩波新書、一九九七年

平凡社地方資料センター編『兵庫県の地名Ⅱ　日本歴史地名大系29Ⅱ』平凡社、一九九九年
宝賀寿男『古代氏族の研究①　和珥氏　中国江南から来た海神族の流れ』青垣出版／星雲社、二〇一二年
——『古代氏族の研究⑥　息長氏　大王を輩出した鍛冶氏族』青垣出版／星雲社、二〇一四年
——『古代氏族の研究⑫　尾張氏　后妃輩出の伝承をもつ東海の雄族』青垣出版／星雲社、二〇一八年
松木武彦『列島創世記　全集日本の歴史　第一巻』小学館、二〇〇七年
松村武雄『日本神話の研究』全四巻、培風館、一九五四〜一九五八年
松本岩雄『田和山遺跡が語る出雲の弥生社会』松江市歴史まちづくり部史料調査課、二〇二一年
三浦佑之『浦島太郎の文学史——恋愛小説の発生』五柳書院、一九八九年
——『古事記を旅する』文藝春秋、二〇〇七年／文春文庫、二〇一一年
——『出雲神話論』講談社、二〇一九年
——『神話と歴史叙述　改訂版』講談社学術文庫、二〇二〇年
三品彰英『増補　日鮮神話伝説の研究』三品彰英論文集　第四巻、平凡社、一九七二年
三輪磐根『諏訪大社』学生社、一九七八年
森浩一編『シンポジウム古代翡翠道《ヒスイロード》の謎』新人物往来社、一九九〇年
門田誠一『海からみた日本の古代』吉川弘文館、二〇二〇年
【映画】
野澤和之監督、中村孝プロデューサー『ニソの杜』（五三分、ニソの杜製作委員会、二〇一六年）

古代ヤポネシア年表

年代	表ヤポネシアを中心とした、主要な出来事	本書
縄文時代	弥生時代にかけ、糸魚川産の翡翠が全国に運ばれる	六章
	巨木をサークル状に立てた施設が北陸地方を中心に出現す（能登の真脇遺跡、金沢のチカモリ遺跡など）	五章
弥生時代	巨大な壺に船や建物の絵が描かれる／角田遺跡	二章
	青谷上寺地遺跡、最新のテクノロジーを駆使して木製品など製作	二章
一～二世紀頃	出雲・吉備に、クニの兆しが見えはじめる	終章
	この頃から、宗像・安曇の海民、玄界灘を中心に活動を活発化させる	一章
二～三世紀頃	ヤマトにクニが出現し、勢力を拡大させていく	
	ヤマトの介入により、出雲内部の対立深刻化（崇神朝、三世紀頃？）	二章
	朝鮮からツヌガアラシト渡来し、角鹿（敦賀）に居住す	四章
	マトノヒメ、天皇に結婚を拒否されて入水（垂仁朝）	三章
四世紀半ば？	百済の建国はこの頃という（都は現在のソウル）	
	タヂマモリ、天皇の命を受けて常世国に旅立つ（垂仁朝）	三章
	ホムダワケ、気比大神と名前を交換す	四章
	ホムダワケ、ミヤヌシヤカハエヒメに求婚しウヂノワキイラツコ誕生	四章
四世紀末？	アメノヒボコ、新羅から渡来し多遅摩国の出石に居住す	三章
四七八年七月	浦島子、旦波国与謝郡より蓬萊山に船出す（日本書紀、雄略二二年）	三章
五世紀代	新羅王の墓から翡翠製品の出土が多い	六章
五世紀末	ヲホド、近江に生まれ、越前にて成長す（継体天皇の出生）	五章

五二七年六月	筑紫国造・磐井、ヤマトに対して反旗を翻す（継体二一年）	一章
五二八年一一月	磐井、出兵した倭軍と激戦の末に敗北し殺さる	一章
五二九年	任那復興支援の倭国軍、新羅に敗北す。また五三二年には金官国も新羅に降伏	
五四四年一二月	粛慎が佐渡島の北に来着す	五章
五六二年	新羅、任那を滅ぼし、朝鮮半島南部を掌握す	
五七〇年四月	高句麗の使者、越国の海岸に漂着し、対応に苦慮す	五章
五七一年七月	高句麗使、帰国（北陸より船で）	五章
五七二年五月	ふたたび高句麗の使節が越海の岸に来着す	
	以降、六六八年にかけて頻繁に来航す	五章
五九三年四月	聖徳太子、皇太子となる（推古元年）	
六世紀末？	能登島に高句麗式の墳墓が造られる	五章
	鯨の突き取り漁を生業とする壱岐島の海民、死す（〜七世紀初）	一章
六二〇年	「天皇記・国記」の編纂（推古二八年）	
六二二年二月	聖徳太子、没す	
六四五年六月	中大兄・中臣鎌足によるクーデター（乙巳の変／大化の改新）	
六六〇年三月	阿倍引田比羅夫、粛慎と海戦、能登臣馬身竜、戦死（斉明六年）	五章
七月	百済、唐・新羅連合軍に敗北し、滅亡す	
六六一年七月	遠征途中の筑紫・朝倉宮にて斉明天皇没す	
六六三年八月	百済救援の倭国軍、白村江で新羅・唐連合軍と海戦。大敗を喫す	一章
六六七年三月	天智天皇、近江大津宮へ遷都す	

六六八年九月	唐・新羅軍により、高句麗滅亡す（新羅、朝鮮半島を統一）	
六七〇年二月	「庚午年籍」（初めての全国的規模の戸籍）が作成される	
六七一年一二月	天智天皇、没す	
六七二年六月	大海人皇子、クーデターにより壬申の乱勃発す	
六七三年二月	クーデターに成功した大海人、即位す（天武天皇）	
六七五年四月	麻績王、因幡国に配流となる	二章
六八六年九月	天武天皇、没す	
六九四年一二月	藤原宮に遷都	
六九七年八月	持統天皇、譲位し、軽皇子（文武天皇）即位す	
七〇一年八月	「大宝律令」制定	
七〇八年五月	銀銭・和同開珎、八月、銅銭・和同開珎の使用開始／流通経済の促進	
七一〇年三月	平城京に遷都す／律令国家の完成	
七一二年正月	この年古事記撰録と「序」にあるが疑問。本文の成立は七世紀後半頃か	
七一三年四月	丹波国の五郡を割いて丹後国を建国す	三章
この年	震国の大祚栄、唐の皇帝から渤海王に封じられる	
七一八年	「養老律令」撰定（藤原不比等ら）	
七一八年五月	越前国の四郡を割いて能登国を設置す	四章
七二〇年五月	「日本書紀」撰進（舎人親王ら）紀三〇巻、系図一巻	
七二四年二月	元正天皇、譲位／聖武天皇、即位す	
七二四～八年	志賀島の海人・荒雄、玄界灘で嵐に遭い遭難（山上憶良の歌と左注）	一章
七二七年九月	渤海国、初めての使節が出羽国に到来す（神亀四年）	五章

	九二二年までの間、頻繁に到来す（高志への到来が多い）	
七三三年二月	出雲臣広嶋、出雲国風土記を勘造す	
七三五～七年	九州から広まった疱瘡（天然痘）が大流行し、国家は大混乱に陥る	
七四〇年一二月	聖武天皇、恭仁宮へ移る	
七四一年一二月	能登国、越中国に併合（天平一三年）	四章
七四三年一〇月	盧舎那仏（大仏）建立の詔を出す。聖武天皇は紫香楽宮へ	
七四五年五月	聖武天皇、難波宮から平城京に戻る	
七四六年六月	大伴家持、越中守となり赴任す	
七四七年四月	大伴家持、立山を歌う	五章
七四八年春	大伴家持、越中国内を巡行し、気太神宮を拝す	六章
七四九年七月	聖武天皇、譲位し、阿倍内親王（孝謙天皇）即位す（天平勝宝元年）	
七五一年頃	能登国のはやり歌三首、採録される	五章
七五二年四月	東大寺大仏、開眼供養	
七五四年一月	苦難の末、鑑真、唐より渡来す	
七五五年二月	東国諸国の防人歌採録される（万葉集、巻二〇）	
七五七年	越中国より能登国が独立す（天平宝字元年）	四章
七五九年元旦	新年の宴で、伯耆国守・大伴家持賀歌を詠む。万葉集の成立はこれ以降八世紀末頃まで	二章
七八四年一一月	長岡京に遷都。七九四年（延暦一三）には平安京へ遷都	
八二三年三月	越前国より加賀国が独立す	五章
八八二年一〇月	渤海使節の船を福良泊で造る（元慶六年）	五章

地図・カシミール3D（www.kashmir3d.com）を元に著者作成
製図・錦明印刷
写真・三浦佑之

新潮選書

「海《うみ》の民《たみ》」の日本神話《にほんしんわ》——古代《こだい》ヤポネシア表通《おもてどお》りをゆく

著　者……………… 三浦佑之《みうらすけゆき》

発　行……………… 2021年9月25日
2　刷……………… 2021年12月25日

発行者……………… 佐藤隆信
発行所……………… 株式会社新潮社
〒162-8711 東京都新宿区矢来町71
電話　編集部 03-3266-5611
　　　読者係 03-3266-5111
https://www.shinchosha.co.jp
シンボルマーク／駒井哲郎
装幀／新潮社装幀室

印刷所……………… 錦明印刷株式会社
製本所……………… 株式会社大進堂

乱丁・落丁本は、ご面倒ですが小社読者係宛お送り下さい。送料小社負担にてお取替えいたします。価格はカバーに表示してあります。

ISBN 978-4-10-603872-3 C0395